Rudolf Schmitt

Ganz einfach Deutsch

Der Deutschtest in der 8. Klasse
(Aufgaben und Hilfen zum Test der Standards
für die 5.–7. Jahrgangsstufe)

C.C. Buchners Verlag

Ganz einfach Deutsch

Der Deutschtest in der 8. Klasse

von Rudolf Schmitt

1. Auflage 1 4 3 2 1 2008 06 05 03
Die letzte Zahl bedeutet das Jahr des Druckes.

Alle Drucke dieser Auflage sind, weil untereinander unverändert, nebeneinander benutzbar.

www.ccbuchner.de

ISBN 3 7661 **4168** 6

Gesamtgestaltung: Renate Lehmacher/ Büro Lehmacher, Friedberg (Bay.)
Herstellung: Georg Lehmacher, Friedberg (Bay.)
Illustrationen: Silvia Braunmüller/ Büro Lehmacher, Friedberg (Bay.)

Druck und Bindung: Druckhaus Thomas Müntzer GmbH, Bad Langensalza

Der Deutschtest in der 8. Klasse

Lösungen

2.1

2.1.1 A1 In der Glosse geht es um das Phänomen der Schulausflüge, die nach Meinung des Autors, im Gegensatz zu Betriebsausflügen, das jeweilige Umfeld stärker stören. Trotz der dabei verursachten Unruhe und des entstandenen Chaos, unter dem auch die begleitenden Lehrer leiden, sind diese Klassenausflüge in dieser Art bei den Schülern beliebt.

A2 Mögliche Überschriften sind:

I. Der Monat Mai
II. Betriebsausflüge im Mai
III. Schulausflüge heute
IV. Schulausflüge heute: Details
V. Vom Ende solcher Ausflüge
VI. Die Bedeutung von Schulausflügen für Lehrer und Schüler

A3
I. Der Monat Mai wird für Vergnügungen aller Art besonders gern genutzt.
II. Die zunehmenden Betriebsausflüge stören das jeweilige Umfeld nur wenig.
III. Schulausflüge stören das jeweilige Umfeld durch Lärm und Aufruhr.
IV. Auswüchse von Schulausflügen sind neben der Lärmbelästigung neurotische Aktivitäten und das Vertilgen von großen Mengen.
V. Schulausflüge enden so schnell, wie sie begonnen haben.
VI. Schulausflüge zehren an der Kraft der Lehrer; bei Schülern sind sie trotz des Stresses nach wie vor beliebt.

A4 Die markierten Textteile signalisieren sinntragende Teile. Sie helfen, einen langen und komplexen Text leichter zu überschauen und zu verstehen. Für die Kurzzusammenfassung sind diese Textteile nur begrenzt verwendbar. Häufig ist es notwendig, durch neue Formulierungen präziser und kürzer zu schreiben.

Das ist heute noch genauso wie einst im Mai: Dieser Monat dient nicht nur (angeblich) der Wonne und lässt laut Lied die Bäume ausschlagen und den Spargel schießen. Nein: Er ist auch die beliebteste Zeit für den obligaten Betriebsausflug und für die schulischen Wandertage. Und bei beiden Veranstaltungen ist man alljährlich im Mai mit Wonne dabei. Denn da kann es gehen, wie's will: Besser als arbeiten oder Mathe machen ist so was allemal doch noch.	I. Der Monat Mai Der Monat Mai wird für Vergnügungen aller Art besonders gern genutzt.
Was Betriebsausflüge betrifft, so stellen diese zweifellos die geringere akustische Umweltbelastung dar. Denn wenn es sich um einen Bamperlbetrieb mit nur wenigen Hanseln (und Greteln) handelt, so verursachen die beim Mittagsmahl auch keinen höheren Lärmpegel, als er im Garten oder in der Wirtsstube einer gutbesuchten Ausflugsgaststätte ohnehin ortsüblich ist. Und was die größeren	II. Betriebsausflüge im Mai Die zunehmenden Betriebsausflüge stören das jeweilige Umfeld nur wenig.

Betriebe sind – solche, die schon gar keine Mitarbeiter mehr haben, sondern gleich eine Belegschaft – so werden diese sowieso von der übrigen Menschheit abgesondert: In Sonderzügen und Sonderfahrten, auf Sonderschiffen und in komplett gecharterten Wirtshaustanzsälen. Was schon deshalb vonnöten ist, weil da meist der Chef zwischen Suppe und Semmelknödeln eine Rede hält. Und die kann man zwar den eigenen Leuten zumuten, aber doch nicht irgendwelchen unbeteiligten Dritten.	
Weiß der Kuckuck, wie drei Dutzend Kinder das schaffen: Alle brüllen, gacksen, flüstern, keckern, glucksen, wiehern, rülpsen und maulen gleichzeitig durcheinander – und dennoch scheinen sie sich mühelos zu verständigen. Und sie brauchen sich noch nicht einmal sonderlich darauf zu konzentrieren, denn nebenbei obliegen sie noch allerlei Tätigkeiten, als da wären: Dem Nebenmann Limo ins G'nack schütten, unter dem Tisch fußangeln, andern den Stuhl wegziehen, Kartenspielen, Häuser aus Bierfilzl bauen und umwerfen, Geld zählen das Senfhaferl leeren, um einen halben Bubblegum knobeln, Haarbüschl ausreißen, Reißnägel auf die Eckbank legen, volle Aschenbecher umkippen, Kronenkorken schmeißen, Ansichtskarten kaufen, Tauschgeschäfte abwickeln, sich beim Lehrer anwandln, Nasebohren, Papierflieger falten, Kopfnüsse austeilen, durch Strohhalme blasen, Knöpfe abdrehen und aufs Häusl gehen. Und außerdem werden zwischendurch auch noch ein kleiner Hektoliter Limo, etliche Kilo Pommfritzmitkätschap, mitgebrachte Brote, viele Paar Würstl und unglaubliche Mengen Eis vertilgt.	IV.
Wenn die Schulklasse nach geraumer Zeit wieder aufbricht, steigert sich das akustische Tohuwabohu noch einmal zu einem letzten Höhepunkt. Und dann wird es plötzlich still. Mucksmäuserlstill. Unheimlich still. So totenstill, dass man einen Augenblick fast schon befürchtet, man hätte vielleicht sein Gehör verloren.	V.
Wer eine solche Schulausflugsinvasion – vielleicht gar noch mit mehreren Klassen – schon einmal er- und überlebt hat, der wird möglicherweise einen Lehrer oder eine Lehrerin doch nicht mehr gar so sehr darum beneiden, dass die allein im Sommer schon wieder sechs Wochen Urlaub haben. Vielleicht brauchen solche Leute die langen Karenzzeiten tatsächlich, um ihre abgewetzten Nervenstränge und ihre mürben Trommelfelle zu regenerieren. Wogegen Kinder – auch schulgestresste – solche wandertäglichen Klassenkämpfe völlig unbeschadet überstehen. Und so muss es wohl auch schon früher gewesen sein – sonst würde man sich doch an seine eigenen Schulwandertage in grauer Vorzeit nicht so freundlich zurückerinnern.	VI.

A5 – Darstellung von Zuständen
– Kritik an der Art, wie Klassenausflüge ablaufen
– Verständnis für Lehrer wecken

2.1.2 A2 I. Der Soziologe Dr. Riss betreibt Heiratsvermittlung per Computer. Er behauptet, dass die so zustande gekommene Ehen glücklicher sind als die auf konventionelle Art zustande gekommenen.

II. Der Autor lenkt das Interesse auf die zwei im Rahmen der Versuche von Dr. Riss geschlossenen Ehen, die dennoch geschieden worden sind.

III. Ein fiktives Gespräch der beiden Geschiedenen fördert zutage, dass bei beiden trotz sehr vieler Gemeinsamkeiten die Liebe fehlt.

A3 Das Ich steht für den am Versuch Zweifelnden, der das schließlich sehr erhellende Gespräch auslöst. Nur durch seine kritische Nachfrage bei dem geschiedenen Paar wird der „Fehler" im Computersystem deutlich.

A4 „Wahr" sind:
- Die Aussagen von Block III widersprechen denen in I.
- Die Aussagen von III widerlegen das Verfahren von Dr. Riss

A5 Die rot hinterlegten Stellen dienen der Vorbereitung der Zusammenfassung. Die dort markierten Textteile dürfen aber nicht wörtlich für die Zusammenfassung übernommen werden.

Die Zusammenfassung könnte etwa folgendermaßen aussehen:

Ausgangspunkt des Textes ist ein von einem Soziologen durchgeführter Test, mit Hilfe eines Computerprogramms Menschen zusammenzuführen, um eine Ehe zu schließen. Obwohl 730 Ehen bisher glücklich verlaufen, befragt der Verfasser ein von Dr. Riss mittels Computer vermitteltes und inzwischen geschiedenes Paar nach den Gründen für die Trennung.
Beide sagen übereinstimmend aus, dass sie auf den unterschiedlichsten Gebieten große Übereinstimmungen aufweisen. Lediglich auf die wichtige Frage, ob sie einander lieben, müssen beide mit nein antworten.

A6 Leider haben Sie bei Ihrem Experiment zur Stiftung von Ehen den wichtigsten Gesichtspunkt nicht einbezogen. Erste Voraussetzung für die Stabilität einer Ehe ist die gegenseitige Liebe der Partner.

2.1.3 A1

	wahr	falsch
Die Olympischen Spiele wurden zu Beginn des 1. Jahrtausends erfunden.	○	☒
Hera gilt als die Mutter der Götter	☒	○
Der Zeustempel ist älter als der erste Hera-Tempel	○	☒
Die Olympischen Spiele wurden zum ersten Mal 776 v. Chr. abgehalten.	○	☒
In klassischer Zeit dauerten die Spiele 6 Tage	○	☒

A3
- Die Textaussagen über die Götter zeigen, dass die olympischen Spiele im Zuge der Götterverehrung entstanden sind.
- Götterverehrung – religiöser Charakter zeigt sich in Bekränzung der Sieger mit Zweigen des heiligen Ölbaums.
- Im Laufe der Jahrhunderte gewann das Berufsathletentum an Bedeutung. Der sportliche Aspekt löst sich vom religiösen.

2.1.4 A1 Fernsehen – Lesen – Computer

A2
☒ Fernsehen ist ungesund.
○ Der Computer ist bei Kindern die drittbeliebteste Freizeitbeschäftigung.
○ Fernsehen wirkt sich positiv auf die Informationsverarbeitung von Kleinkindern bis 7/8 Jahre aus.
☒ Fernsehen kann das Verhalten von Babys beeinflussen.
○ Computerspiele sind in jedem Fall strikt abzulehnen.
○ Computerspiele müssen in andere sinnvolle Aktivitäten eingebunden werden.

A3
○ FS-Sendungen werden nachgespielt.
☒ Die Verhaltensweisen der Figuren aus FS-Sendungen werden in die Realität übernommen.

A4 Es gelingt nicht, die Schullektüre zum Leseanreiz zu nutzen.
Den Erziehenden gelingt es nicht, die Kinder zum außerschulischen Lesen zu bringen.

A5

	richtig	falsch
Im Jahr 1999 gab es unter den Jugendlichen 60% Computernutzer	☒	○
33% der Jungen und 66% der Mädchen würden die Schullektüre nie privat lesen.	○	☒
Fast 13 Stunden sitzen die 6 – 13-Jährigen pro Woche vor dem Fernseher.	☒	○

A7 ○ Seit es das Internet gibt, wird weniger gelesen.
☒ Es wird nicht weniger gelesen, seit es das Internet gibt. (ja)
☒ Das Lesen geschieht oberflächlicher, seit es das Internet gibt. (ja)
☒ Wer häufig den Computer nutzt, liest auch viel. (ja)

A8 ○ ca 170
○ ca 300
☒ ca 260

A9 Wie man aus dieser Grafik deutlich erkennen kann, ist der Konsum der elektronischen Medien in den 4. Klassen deutlich höher als in den1. Klassen. Etwas mehr als zwei Drittel der Schüler aus den 4. Klassen verbringen fünf oder mehr Stunden ihrer Freizeit vor dem Computer oder Fernseher. (In den 1. Klassen ist es nicht einmal ein Drittel.) Nur zwei 14-Jährige gaben an, sich weniger als eine Stunde in der Woche mit elektronischen Medien zu beschäftigen.

A10 Welche Ergebnisse sind richtig?

☒ Schüler aus der 1. Klasse lesen im Durchschnitt mehr als in der 4. Klasse.
○ Fast zwei Drittel der 11-Jährigen verbringt mehr als 5 Stunden pro Woche mit einem Buch.
☒ Nur etwa 37% der 14-Jährigen lesen weniger als eine Stunde pro Woche.

A11 Abenteuerbücher und Problembücher

A12 Was bevorzugen Mädchen, was die Jungen?
Man konnte feststellen, dass Mädchen sehr gerne Problembücher lesen; an nächster Stelle stehen jedoch Liebesromane. Jungen hingegen interessieren sich mehr für Comics und Sachbücher.

A13 Unterschied: Liebesromane – Übereinstimmung: Krimis

2.1.5 A1
- ○ Absatz 1 stellt eine im Sinn der Anzeige positive Feststellung dar.
- ⊠ Absatz 1 stellt eine im Sinn der Anzeige negative Feststellung dar.
- ○ Absatz 2 unterstützt diese Feststellung.
- ○ Absatz 2 stellt zu 1 einen Gegensatz dar.
- ⊠ Absatz 2 besitzt keinen sichtbaren Bezug zu Absatz 1
- ○ Absatz 3 stellt einen Gegensatz zu 2 dar.
- ⊠ Absatz 3 stellt eine Folgerung aus 2 dar.
- ⊠ Absatz 3 stellt eine Einschränkung von 1 dar.

A2 Emotionen wecken – („deutsche Wertarbeit")

A3 Absatz 2

A4 Gebt den deutschen Elektro-Betrieben die Aufträge, auch wenn sie nicht immer die billigsten sind. Die Qualität ist hoch.

A5 Wecken von Aufmerksamkeit – letztendlich positive Verstärkung der in der Anzeige enthaltenen „Botschaft".

A6 siehe A2: Emotionen – Nationalstolz ...

2.2

2.2.1 A1 Zusammenhänge:
- Ein Herrscher wird gekrönt
- Ein Mensch erlebt einen für ihn wichtigen Augenblick. Er erfährt vielleicht etwas Schreckliches – oder er wird entlarvt.
- Streit – umgangssprachliche Reaktion

Dasselbe meinen
Antlitz – Gesicht – Fresse
Die Wörter zeigen, dass es für eine Sache oder einen Sachverhalt mehrere Wörter gibt.

A2 Ich habe einen Verweis erhalten. (hochdeutsch)
Er hat dasGeschenk heute bekommen. (liegt in der Stilhöhe zwieschen den beiden anderen Beispielen)
Er hat eine 5 gekriegt. (umgangssprachlich)

A3 Antlitz: dichterisch
Gesicht: normalsprachlich
Fresse: vulgär

A4 Die passenderen Wörter stehen in Klammern.

Das Rentnerehepaar Terese und Fridolin Nägele saß, wie jeden Abend, bei einer Bulle (Flasche) Wein in der Küche und hörte die Rätselsendung im Radio. Terese hantierte mit ihrem Strickzeug, während Fridolin, die Pfeife in der Fresse (im Mund), vor sich hindöste. Nach einer Weile weckte Oma Nägele ihren Gatten (Mann). „Lass uns schlafen gehen, Frido. Ich bin sehr müde, und du scheinst auch nicht gerade wach zu sein; du kannst mir gar nicht mehr richtig ins Antlitz (Gesicht) schauen.“ „Ich glaube, du hast Recht“, antwortete er. Er klopfte die Pfeife am Aschenbecher aus und hatschte (ging) ins Schlafzimmer. Terese räumte ihr Strickzeug zusammen und legte es auf den Tisch. Dann schubste sie die fette Katze Minka von ihrem Schoß und öffnete die Hintertür für sie. Danach ging sie ebenfalls in die Falle (ins Bett). Aber Minka war zu faul, um auf Mäusejagd zu gehen, und huschte wie ein schwarzer Schatten in ihr Körbchen, das neben dem altmodischen Ehebett ihrer Besitzer stand, und schlief ein...

A5 Heinrich K. starb an einer Überdosis Schlaftabletten.
sachlicher Text – evtl. Polizeibericht – reine Information

Nach 16 Jahren ging er in die ewigen Jagdgründe ein.
Evt. gesprochener Text über ein Tier, das starb – friedvoller Aspekt des Sterbens.

Seine Uhr war abgelaufen.
Unter Umständen in einem literarischen Text (Roman) - die Person war vielleicht alt und auf das Sterben vorbereitet.

Er musste jämmerlich zugrunde gehen.
Sterben unter Qualen.

Sie wurde vom Tode ereilt, noch bevor sie ihr Lebensziel erreichte.
Text über eine bekannte Person – schneller, unerwarteter Tod.

Im Jahre 1832 musste er die Feder aus der Hand legen.
Ein Schriftsteller/ Dichter stirbt: Text könnte in einer Biographie stehen.
1832 starb Goethe.

Sein letztes Stündlein hatte geschlagen ...
Etwas ironische Art, über das Sterben zu schreiben.

2.2.2 A1 Vergleiche (V), Metaphern (M) und sonstige bildhafte Ausdrücke (S):

Der Lehrer stand wie ein Fels (V) in der Brandung (M) der aufgewühlten Klasse und musste feststellen, dass die Woge der Unzufriedenen (M) noch weiter anstieg ...

Still wie das Wasser (V) war sein Gemüt. Keine Regung gab er von sich. Auch die Umwelt veränderte sich, sie trat hinaus (S) in ein immer düsteres Licht, die Hoffnungslosigkeit klopfte an (S) ... o bittere Süße ... (S)

Der Redefluss (V) wurde jäh unterbrochen, so als folge er (S) einem Zwang ...

2.2.3 A1 „laufen":
z. B.: schlendern, rennen, sausen, humpeln, bummeln, spazieren, stolzieren, hüpfen

„sprechen":
z. B.: rufen, fragen, sagen, schreien, stottern, hinzufügen, antworten

A2 Die treffenderen Wörter stehen in Klammern:

Der kleine Zauberer (Schüleraufsatz)

Felix Müller hatte (beging seinen/feierte) Geburtstag. Sein Sohn Fritz hatte ihm versprochen, einen Zaubertrick vorzuführen, und holte den Werkzeugkasten aus dem Keller.
Als der Vater in der Küche alles für das Kaffeetrinken vorbereitete, holte Fritz die Säge und sägte (sägte Fritz ein Loch) ein Loch in den Esstisch. Dann machte (schnitt) er mit der Schere einen Schlitz in die Tischdecke, die bis zum Boden ging (reichte), und holte ein Handtuch aus dem Badezimmer. Er hängte (befestigte) es mit Reißnägeln unter den Tisch. Nun war auch derVater fertig, und Fritz sagte (meinte): „Warte noch eine Minute in der Küche, dann zaubere ich dir etwas vor." Er brachte den Werkzeugkasten in den Flur, holte (nahm) den Hut von der Garderobe und eine Tasse aus dem Schrank, dann rief er den Vater. „Jetzt geht es los", sagte (kommandierte) Fritz. „Ja, aber beeil dich! Die Kaffeekanne wird heiß und schwer." Fritz stellte die Tasse auf den Tisch und gab (legte) den Hut darüber. Er klatschte dreimal in die Hände, dann hob er den Hut hoch und sagte (rief): „Ta-ta-ta-ta, die Tasse ist weg." Der Vater lachte und sagte (meinte): „Nicht schlecht." Er holte sich einen Stuhl, und da hörte er ein leises Rascheln. Er hörte (vernahm) auch noch einen anderen undefinierbaren Ton. Er stellte die Kanne mitten auf den Tisch, und dabei sah er sich um und sagte (stellte fest): „War nur die Katze." Als er wieder nach vorne sah, war die Kaffeekanne weg. Die Reißnägel konnten das Gewicht nicht aushalten und gingen (lösten sich) aus dem Holz, Kanne und Tasse fielen auf den Boden. Der Vater zog die Tischdecke weg und sah das Loch im Tisch. „Fritz", sagte (rief) der Vater wütend, packte ihn und gab (verabreichte) ihm eine Tracht Prügel. „Du kriegst (bekommst) drei Wochen kein Taschengeld mehr. Du kannst von Glück reden, dass die Tasse und die Kaffeekanne noch ganz (heil) sind, aber ich will mir ja nicht meinen Geburtstag verderben."
Danach feierten sie trotzdem noch schön.

A3 beharrlich: unbeeinflussbar
irritiert: verwirrt
klare Struktur: eindeutige
zurechtgewiesen: auf ihre Fehler hingewiesen
nehmen in Besitz: beanspruchen sie keine ...

A4 Der kluge Polizeihund konnte helfen, einen Einbruch zu vereiteln.

- ○ begehen
- ☒ verhindern
- ○ verletzen
- ○ planen

Alle halfen mit, den Dieb dingfest zu machen.

- ☒ zu fassen
- ○ einzusperren
- ○ zu verurteilen
- ○ zu bestrafen

Das Risiko wurde eindeutig minimiert.

- ○ verhindert
- ○ erhöht
- ☒ verkleinert
- ○ verbessert

Der Einsatz von Hunden bei der Verbrechensbekämpfung wurde lange Zeit nicht akzeptiert.

- ☒ gutgeheißen
- ○ bejaht
- ○ durchgeführt
- ○ beschlossen

2.2.4 A1 Kontrolle – Überwachung – Razzia

Er hat keine *Kontrolle* mehr über sich.

Die *Überwachung* der Anlage geschieht durch einen Beamten mit Hund.

Ohne Reisepass kommst du an der Grenze nicht durch die *Kontrolle.*

Die *Razzia* im Nachtlokal hatte Erfolg.

Haus – Gebäude – Bau – Bauwerk

Das *Haus* ist schon seit Monaten zu verkaufen.

Der Komplex besteht aus mehreren *Gebäuden/Bauten.*

Historische *Bauwerke* werden unter einen besonderen Schutz gestellt.

Er wohnt in einem einstöckigen *Haus.*

Er arbeitet in einem mehrstöckigen *Gebäude/ Bau.*

Im *Haus* seiner Eltern hat er sich immer wohl gefühlt.

Müllers haben ein gastfreundliches und offenes *Haus.*

Die Kirche ist ein interessantes *Gebäude.*

In öffentlichen *Gebäuden* darf man nicht rauchen.

A2

1. Meine Frau besorgte mir das Buch.	**A** Oliver über das neue Lehrmädchen
2. Wie geht es Ihrer Frau Gemahlin?	**B** Fred über eine vorbeilaufende junge Frau
3. Das ist aber eine flotte Biene.	**C** Herr Huber zu seinem Chef
4. So ein steiler Zahn.	**D** Herr Mair zu seinem Kollegen

1. ○ A ○ B ☒ C ☒ D **3.** ☒ A ☒ B ○ C ○ D
2. ○ A ○ B ☒ C ☒ D **4.** ☒ A ☒ B ○ C ○ D

A3
1. ○ A ○ B ○ C ○ D ○ E ☒ F ○ G ○ H
2. ○ A ○ B ○ C ○ D ☒ E ○ F ○ G ○ H
3. ☒ A ○ B ○ C ○ D ○ E ○ F ○ G ○ H
4. ○ A ☒ B ○ C ○ D ○ E ○ F ○ G ○ H
5. ☒ A ○ B ○ C ○ D ○ E ○ F ○ G ○ H
6. ○ A ○ B ○ C ○ D ○ E ○ F ☒ G ○ H
7. ○ A ○ B ○ C ☒ D ○ E ○ F ○ G ○ H
8. ○ A ○ B ☒ C ○ D ○ E ○ F ○ G ○ H

A4

Trauer	*Freude*
Tag	*Nacht*
Stadtmitte	*Vorort*
Spender	*Empfänger*
Geburt	*Tod*
Liebe	*Hass*
Abend	*Morgen*

Mündung	Quelle
Fachmann	Amateur/Laie
Flut	Ebbe
der Gläubige	der Ungläubige/der Heide
der Gläubiger	Schuldner

A5

Vater	Mutter
Cousin	Cousine
Knecht	Magd
Neffe	Nichte
Mönch	Nonne

A6

die Türen öffnen	schließen
die Augen öffnen	schließen/zukneifen
die Flasche öffnen	verkorken/verschließen
die Faust öffnen	schließen
das Kouvert öffnen	verschließen/zukleben
falsch	richtig
heiß	kalt
spärlich	üppig
ambulant	stationär
statisch	dynamisch

A7

enge Kurve	weite Kurve
neue Banknote	alte Banknote
moderne Möbel	antike Möbel
erfahrener Mitarbeiter	neuer/unerfahrener Mitarbeiter
scharfer Wind	sanfter milder Wind
Süßwasser	Salzwasser
scharfe Worte	milde Worte
altes Auto	neues Auto
altes Brot	frisches Brot
trockener Wein	süßer Wein

2.2.5 A1

Bamberg, den 13.2.2002

Sehr geehrte Damen und Herren,

der Unfallhergang stellt sich wie folgt dar:
Ich lief gestern, am 12.2.2002, nachdem ich mir am Bäckerstand etwas gekauft hatte, im Pausenhof in Richtung des dort befindlichen Brunnens. Kurz davor rammte mich jemand von hinten; ich fiel nach vorn, mit dem Arm auf die Umrandung des Brunnens. Da ich starke Schmerzen hatte, rief die Schulleitung den Rettungsdienst, der mich ins Klinikum brachte. Dort wurde ein Bruch festgestellt und der Arm eingegipst.

Felix Kindler, Klasse 6c

A2 Nachdem man Filterpapier in den dafür vorgesehenen Trichter der Kaffeemaschine und pro Tasse 1–2 Kaffeelöffel Kaffee in den Filter gegeben hat, gießt man entsprechend der vorgesehenen Markierung Wasser in den Behälter, schließt die beiden Klappen und schaltet die Maschine mit dem roten Schalter ein. Der Kaffee wird automatisch aufgebrüht und die Kanne warm gehalten.

A3 **Die Rache**

An einem schönen, heißen Sommertag war (hielten sich ... auf) Herr Maier mit seinem Sohn Fritz im Garten. Er war dort, (Er wollte dort ... gießen) um die Blumen zu gießen. Alles war ruhig und schön (angenehm), die meisten Leute (waren/befanden sich) im Urlaub.

Bello, der Hund der Maiers, sonnte sich ein wenig. Bello beobachtete einen Schmetterling. Herr Maier meinte: „Ich glaube, unser Hund braucht eine Abkühlung!" Gesagt, getan.
Er richtete den Schlauch auf Bello, so dass er (dieser) aufsprang und patschnass war.
Beide lachten den Hund aus, so dass (Dieser fand das ... und ...) dieser das weniger lustig fand und davonging (sich davonschlich). Nur noch eine Pfütze und eine Tropfspur waren zu sehen.
Lachend gossen die beiden weiter. Bello hatte sich inzwischen beleidigt wieder unbemerkt angeschlichen. Zielstrebig tappte er auf den Gartenschlauch zu, biss kräftig rein ...
Erst ein kleiner Strahl Wasser spritzte heraus, dann ein Riesenstrahl Wasser, (Erst spritze ein ... und dann kam das Wasser mit vollem Druck) der Herrn Maier und Fritz vollkommen benässte (nass spritzte). „Hey, was soll das, Unverschämtheit". Da („Unverschämtheit" schrie Fritz. Das Lachen war beiden schnell vergangen.) verging ihnen das Lachen schnell, doch ein anderer lachte und verspottete jetzt. (Doch Bello grinste sich eins und schien die beiden zu verspotten.)
Als Vater und Sohn wieder trocken waren, lachten drei Gesichter. (konnten alle drei wieder lachen)

3.1

A1 Der Satz besteht aus 3 Satzgliedern.
Nach der Umstellung liegt die Betonung auf „Ein neues Kunststück".
Das Prädikat.

A2

Der	Tiger	vollführte	ein	gefährliches	Kunststück.
best. Artikel	Nomen	Verb	unbest. Artikel	Adjektiv	Nomen

A3

Der	Tiger	vollführte	ein	gefährliches	Kunststück.
best. Artikel	Nomen	Verb	unbest. Artikel	Adjektiv	Nomen
Subjekt		Prädikat	Akkusativobjekt		

A4

Ein	neues	Kunststück	wurde	heute	vorgeführt.
Akkusativobjekt			Prädikat	Adv. der Zeit – Prädikat	

Das Satzglied bleibt nach der Umstellung dasselbe.

3.1.1 A1 Die Politiker kämpfen *für* ein vereintes Europa.

Die beiden haben sich mühevoll *nach* oben gekämpft.

Er arbeitete seit Jahren *auf* der Baustelle.

Er spielte ein Stück *für* vier Hände.

Die Mutter nimmt das Kind *an* die Hand.

Sie hatten ihn *ins* Herz geschlossen.

Er nahm sich alles so *zu* Herzen.

Die Frau hatte es schon lange *am* Herzen.

Sie trägt ein Kind *unter* dem Herzen.

Er steckt bis *über* den Kopf in Schulden.

A2

„schlagen"	Verb	Substantiv	Adjektiv
auf-/Auf-	aufschlagen	Aufschlag	---
aus- /Aus-	ausschlagen	*Ausschlag*	---
vor-/Vor-	*vorschlagen*	Vorschlag	---
zer-/Zer-	zerschlagen	---	*zerschlagen*

„kommen"/"-kunft"			
ab-/Ab-	abkommen	Abkommen	abkömmlich
aus-/Aus-	auskommen	*Auskommen*	*auskömmlich*
hin-/Hin-	hinkommen	---	*hinkünftig*
herunter-/Herunter-	herunterkommen	---	*heruntergekommen*

A3 *aus*-sterben
auf-brauchen
aus-schalten
er-löschen
unter-gehen
ver-gehen
ab-stellen
ab-drehen

A4

-al	-ell
rational	*experimentell*
formal	*formell*
saisonal	*kriminell*

A5 Einmal jähr*lich* fährt Suse in Urlaub.

Der zweistünd*ige* Flug nach Barcelona in diesem Jahr war angenehmer als die 10-stünd*ige* Fahrt mit dem Zug. Die Züge fahren allerdings im Gegensatz zum Flugzeug täg*lich*.

Auch ein zehnjähr*iger* Junge saß in dem Flugzeug.

3.1.2 A1 Subjekt | Prädikat | Adverbiale der Zeit | Akkusativ-Objekt.

Adverbiald des Ortes | Prädikatsteil 1 | Subjekt | Prädikatsteil 2.

Subjekt | Prädikat | Dativ-Objekt.

Dativ-Objekt | Prädikat | Subjekt.

Dativ-Objekt | Prädikat | Subjekt.

Adverbiale der Zeit | Prädikat | Subjekt | Adverbiale des Ortes.

Dativ-Objekt | Prädikat | Subjekt | Prädikat (2).

Subjekt | Prädikat | Dativ-Objekt | Akkusativ-Objekt.

Subjekt | Prädikat | Dativ-Objekt | Adverbiale der Zeit | Akkusativ-Objekt.

A2 Münchhausen fliegt auf einer Kanonenkugel ins türkische Feldlager.
Der Fußball fliegt im hohen Bogen in die Fensterscheibe.
Das Schwalbenpaar fliegt im Herbst in den Süden.

A3 Der Hilfbereite führt den Blinden über die Straße.
Der beste Turner führt die Riege beim Wettkampf.
Er führt während der Amerikareise ein Tagebuch.
Das Geschäft führt kleine Haushaltswaren.

A4 S = Subjekt, P = Prädikat, A = Adverbiale, O3 = Dativ-Objekt, O4 = Akkusativ-Objekt

Matthias Claudius: Fuchs und Bär

Kam einst ein Fuchs vom Dorfe her,
P A S A
Früh in der Morgenstunde,
A A
und trug ein Huhn im Munde;
P O4 A
Und es begegnet' ihm ein Bär.
O3 S
„Ah! Guten Morgen, gnäd'ger Herr!

Ich bringe hier ein Huhn für Sie!
S P A O4

Ihr Gnaden promenieren ziemlich früh,
S P A
Wo geht die Reise hin?"

„Was heißest du mich gnädig, Vieh!
S O4
Wer sagt dir, dass ich's bin?"
P O3
„Sah Dero Zahn, wenn ich es sagen darf,
O4 S
Und dero Zahn ist lang und scharf."

A5 Eines Nachmittags traf sich unser Stamm am bewaldeten Ufer des Flusses. Die Sonne schien
d d b
zwischen den Fichten auf das frische Laub der hohen Gebüsche und zog glitzernde Bänder
d d b
durch den graublauen Rauch des Lagerfeuers. Der Platz zwischen den Fichten war kaum ein-
d b c
zusehen. Es war ein Versteck der besten Qualität.
b
Es bedurfte einer gewissen Erfahrung, es zu finden.
a

A6 Subjekt – Prädikat – Adverbiale des Ortes
Dativ-Objekt – Prädikat – Subjekt
Subjekt – Prädikat – Akkusativ-Objekt – Apposition – Prädikatsteil 2

3.1.3 A1

Die	kleine	Ilona	spielte	am	See.	
best. Artikel	Adjektiv	Nomen	Verb	Präposition	Nomen	
Subjekt	Subjekt	Subjekt	Prädikat	Adverbiale	des Ortes	

Ilonas	Bruder	war	auch	dabei.		
Nomen	Nomen	Verb				
Subjekt Gen.-Attr.	Subjekt	Prädikat		Prädikat		

Er	hatte	Bello,	einen	jungen	Retriever,	dabei.
Pers.-Pronomen	Verb	Nomen	unbest. Artikel	Adjektiv	Nomen	
Subjekt	Prädikat	Akkusativ-objekt	Apposition	Apposition (adj. Attribut)	Apposition	Prädikat

Der	dunkelgrüne	See	am	Wald	war	phantastisch.
best. Artikel	Adjektiv	Nomen	Präposition	Nomen	Verb	Adjektiv
Subjekt	Subjekt (Adj. Attribut)	Subjekt	Präp. Attribut	Präp. Attribut	Prädikat	

A2 Bello: Nomen
über den Zaun: Adverbiale

ihr: Personalpronomen
kleinen: Attribut

streifte: Prädikat
die Katze: Akkusativobjekt

Ihm: Dativobjekt

3.2

A1

Das Papier wird hergestellt.	Sie knallen ...
... die Rinde wird entfernt	Das Entfernen macht Lärm ...
Die Baumstämme werden gerollt.	Sie knallen und krachen ...
Diese Schnitzel werden gekocht.	Sie stoßen sich ab
... wird der Brei getrocknet	Sie kommen glatt heraus
... Ihnen wird ... zugesetzt	Hackmaschinen zerschneiden
... damit ... weiß wird ...	... bilden sich ...

A2 Die Raumstation wird vom Astronauten verlassen.
Die Beschaffenheit des Bodens wird von ihm geprüft.
Er und seine Kollegen werden von den grünen Marsmännchen begrüßt.
Ihnen wird (von ihnen) ein Willkommenstrunk angeboten.
Bald werden die Gäste von der Erde von ihnen in ihre Behausungen geführt.
Dort ist von ihnen in den letzten Jahren Tolles geleistet worden.

A3 Der Eindringling ist verhaftet.
Der Marsbewohner waren beleidigt (anderer Sinn!).
Das Raumschiff ist verschrottet.

A4 Alle Aufgaben waren getan.
Der Fehler ist behoben.
Endlich war der Fehler behoben worden.

A5 Billy begann, den Computer zu reparieren. Als erstes baute er die Festplatte aus, überprüfte die Anschlüsse und unterzog den Controller einem Test. Er schloss ihn an ein Testgerät an und prüfte den Stromdurchgang. In umgekehrter Reihenfolge wurden alle Teile wieder eingebaut und geprüft. Dann wurde der PC eingeschaltet. Die grüne Diode leuchtete. Die Festplatte schien wieder in Ordnung zu sein.

A1

Gonzales wohnt in L'Escala, einem kleinen Ort in Katalonien.	wohnt Ort	○ 2. Ps Sg Präsens ○ 2. Ps Pl Perfekt ☒ 3. Ps Sg Präsens ○ Akkusativ Sg männlich ☒ Dativ Sg männlich ○ Nominativ Sg männlich
Sein Vater war ein Fischer vom alten Schlag.	war ein Fischer	○ 1. Ps Sg Imperfekt ○ 3. Ps Sg Perfekt ☒ 3. Ps Sg Imperfekt ○ Akkusativ Sg männlich ☒ Nominativ Sg männlich
Gestern hat in L'Escala ein Fest der besonderen Art stattgefunden...	hat...stattgefunden Art	○ 2. Ps Pl Perfekt ☒ 3. Ps Sg Perfekt ○ 3. Ps Sg Plusquamperfekt ☒ Genitiv Sg weiblich ○ Dativ Sg weiblich ○ Dativ Sg männlich
Viele Fremde hat man dazu eingeladen.	Fremde hat ... eingeladen	○ Dativ Pl weiblich ○ Akkusativ Pl weiblich ☒ Akkusativ Pl männlich ○ 3. Ps Sg Perfekt Aktiv ☒ 3. Ps Sg Präsens ○ 3. Ps Sg Perfekt Passiv

A2 Erfrage und bestimme den Kasus der Nomina in dem folgenden Text:

Die Entscheidung ①, nach Berlin ③ zu fahren, war richtig. Der Abstimmung ③ ging eine Diskussion ① voraus. Diese bedurfte einer geschickten Leitung ②. Ich stimme deiner Meinung ③ zu, dass der Klassensprecher ① das gut gemacht hat. Die Vorwürfe ① bezüglich seiner Kompetenz ② entbehren jeder Grundlage ②.

A3 Der Geist sitzt auf dem Baum
den Bäumen
dem Kirchturm
den Kirchtürmen
dem Dach
den Dächern

Das Gespensterschloss liegt in der Nähe
des Flusses
der Kirche
des Wirtshauses
der drei Eichen
der Steinbrüche
der drei Türme

A4

singen	Imperfekt	ich sang
lesen	Plusquamperfekt	ich hatte gelesen
sehen	Futur I	ich werde sehen
turnen	Perfekt	ich habe geturnt
spazieren gehen	Futur II	ich werde spazieren gegangen sein
mobben	Passiv Plusquamperfekt	ich war gemobbt worden
korrigieren	Perfekt	ich habe korrigiert
treffen	Passiv Futur II	ich werde getroffen worden sein
auseinander gehen	Plusquamperfekt	ich war auseinander gegangen
beleidigen	Passiv Perfekt	ich bin beleidigt worden

3.4

A1 Herr Meinert sagte aus, dass sie letzte Woche überfallen worden seien. Sein Kollege und er hätten hinter dem Schalter gesessen. Da habe es geläutet. So sei er hin gegangen. Er habe geöffnet. Drei Männer seien vermummt vor ihm gestanden. Sein Kollege sei in Panik geraten. Er habe den Alarmknopf drücken wollen. Da habe der eine geschossen. Doch er habe sie verfehlt. Er habe fliehen können. Doch da sei schon die Polizei gekommen.

A2 Ein Sprecher der Polizei teilt mit, dass in den letzten Wochen mehrere Computerhacker tätig gewesen seien. Ein örtlicher Großbetrieb habe feststellen müssen, dass die Personaldaten verändert und etliche Abbuchungen vorgenommen worden seien. Zudem bestehe der Verdacht, dass auf Festplatten gespeicherte Konstruktionspläne kopiert worden seien.
Mit der Ermittlung sei eine Sonderkommission der Kripo beauftragt. Die Geschäftsleitung habe eine Belohnung von zunächst 5000 Euro ausgesetzt. Bisher sei es trotz einiger heißer Spuren nicht gelungen, die Täter festzumachen.

A3 Holger H. antwortet auf die Frage „Wie siehst du deine Lehrer?". Er führt aus, dass Lehrer seiner Meinung nach nicht zu faul seien. Meistens seien sie stark belastet, zumal sie neben dem Unterricht viel vorbereiten und korrigieren müssten. Sie müssten nicht selten auf ihre Freizeit verzichten, was auch durch die Ferien nicht ausgeglichen werde. Da die Lehrer jedoch vieles zu Hause erledigten, ergebe sich leicht das Bild vom faulen Lehrer. Die Lehrer stünden unter dem gleichen Druck wie ihre Schüler. Übervolle Klassen und volle Lehrpläne verhinderten manchmal Kreativität. Der Beruf des Lehrers sei schon ein Beruf für Idealisten ...

A4 Marion berichtet, dass sie sich jeden Tag für die Schule vorbereite. Es könne ja sein, dass sie abgefragt werde oder dass der Lehrer eine Stegreifaufgabe schreibe. Wenn sie nach Hause komme, mache sie zuerst die Hausaufgaben. Sie schaue in ihr Hausaufgabenheft, in dem sie sie notiert habe, und lese die Aufgaben, die sie zu machen habe, sorgfältig durch. Dann überlege sie sich die Lösung und schreibe sie ohne Fehler in das Hausheft.

Nachdem sie die Hausaufgabe angefertigt habe, fange sie an zu lernen. Sie lese sich alles dreimal durch und schreibe dann die wesentlichen Punkte auf ein Blatt Papier, denn beim Schreiben lerne man am besten. Nun wiederhole sie alles noch ein paar mal und schreibe es aus dem Gedächtnis auf. Dann vergleiche sie das, was sie geschrieben habe, mit dem Text, aus dem sie gelernt habe. Wenn alles stimme, sei sie fertig. Nun mache sie ein paar Übungen aus der Mathematik.

Wenn sie damit fertig sei und alles richtig sei, beginne sie, ihre Sachen für den nächsten Tag in ihre Schultasche einzupacken. Sie schaue auf den Stundenplan und packe die Sachen für den nächsten Schultag ein. Dann wiederhole sie noch einmal alles, was sie gelernt habe, und schaue in die Schultasche, ob sie nicht noch etwas vergessen habe. Wenn alles für den nächsten Schultag fertig sei, gehe sie spielen.

A5 Als Marion am vergangenen Freitagmorgen fröhlich die Schule betreten und sich noch auf das bevorstehende Wochenende gefreut habe, habe sie ihr Freund Peter gefragt, ob sie für die Mathematikschulaufgabe gelernt habe. Da sei ihr der Schreck in alle Glieder gefahren. Oh nein, das habe sie total vergessen, habe sie entgegnet.
Jetzt sei guter Rat teuer gewesen! Schnell sei sie ins Klassenzimmer gerannt, habe ihre Schultasche geöffnet, ein Stück Papier hervorgekramt und mit dem Füller die wichtigste Formel aufgechrieben. Dann habe sie den Zettel ins Mäppchen unter die Farbstifte gesteckt, so dass er nicht leicht habe bemerkt werden können. Mit seiner Hilfe habe sie wenigstens eine kleine Chance, nicht auf der ganzen Linie zu versagen, habe sie leise zu dem Spicker gesagt. Da habe auch schon Herr Waldig, unser Mathematiklehrer, das Zimmer betreten. Kurze Zeit später habe er die Angabenblätter ausgeteilt. Die ersten Rechnungen habe sie leicht geschafft, aber dann sei die letzte drangekommen, die schwerste Aufgabe. In der Geometrie sei es haargenau um die Formel gegangen, die sie sich sicherheitshalber notiert gehabt habe. Ihr Herz habe plötzlich heftiger geklopft. Möglichst unauffällig habe sie nach der Aufsichtsperson geäugt. Herr Waldig sei auf Gummisohlen unhörbar durch die Bankreihen geschlichen und habe jedem Schüler über die Schulter geblickt. Gerade sei er in der letzten Reihe angelangt. „Jetzt oder nie!" habe sie sich gedacht und mit einem beherzten Ruck den Spicker aus seinem Versteck hervorgezogen. Mit fliegendem Atem habe sie die Zahlen auf ihr Blatt abgeschrieben. Da habe sie der Übermut gepackt, und sie habe Peter, ihren Nachbarn, mit dem Ellbogen leicht angestoßen. Als er verwundert zu ihr hergeschaut habe, hab sie ihm, verhalten triumphierend, ihren Spickzettel gezeigt. Peter habe große, ungläubige Augen gemacht.
Jetzt habe sie den Spicker zusammengefaltet und ihn gerade wieder an seinen Platz im Mäppchen zurückstecken wollen, als sie bemerkt habe, wie sich Peters Augen geweitet hätten und nach oben auf eine Stelle hinter ihr gerichtet hätten. Ein eisiger Schauer sei ihr über den Rücken gekrochen, während ihr klar wurde, was Peter da gesehen habe. Der Mathelehrer sei hinter ihr gestanden! Ihre Finger hätten zu zittern begonnen und der Spicker sei ihr zu Boden gefallen, als sie die Hand des Lehrers schwer auf ihrer Schulter gespürt habe. Jetzt sei es aus, sei es ihr durch den Kopf geschossen. Mit einem leisen Ächzen habe sich Herr Waldig gebückt, habe den Zettel aufgehoben und ihn sich angeschaut. Dann hätten sich seine stahlgrauen Augen erbarmungslos in ihr Gesicht gebohrt. Sie müsse totenblass geworden sein, denn auf einmal habe sie richtig gefroren. Jetzt sei sie geliefert, hätten ihre blutleeren Lippen gebebt. Der Lehrer habe bedächtig den Kopf geschüttelt, seine Miene habe gewechselt zwischen wütendem Funkeln der Augen, ausdrucksloser Enttäuschung und überlegenem Grinsen. Dann habe er ihr Arbeitsblatt unter ihren feucht gewordenen Händen weggezogen und vor ihren Augen eine große, rote Sechs draufgeschrieben.

3.5

A1 Dandy und Ivo, zwei Hovawart-Hunde

Als ich am nächsten Morgen aufwachte, war Dandy verschwunden. Wir waren zunächst nicht beunruhigt, *da* er schon manches Mal einen kurzen Streifzug unternommen hatte. So hofften wir, *dass* er bald wiederkommen würde. Ivo, unser zweiter Hovawart, lief allerdings unruhig vor seiner Hütte auf und ab, *da* die Unruhe über den verschwundenen Dandy auch ihn ergriffen hatte. Er ließ sich wie immer von Karin das Futter bringen. *Als* er es hinuntergeschlungen hatte – er tat so, *als ob* er bald verhungern würde – sprang er wie wild an dem Mädchen hoch, zerrte sie ein Stück, *bis* sie ihm folgte. *Da* Karin die beiden gut kannte, begriff sie sofort. *Weil (da)* sie nicht wusste, *wohin* Ivo sie führen würde, ging sie mit. *Als* gute 10 Minuten vergangen waren, kamen beide an einen kleinen Garten, *in dem* sich in einem abgelegenen Eck kleine Kätzchen balgten. Mitten unter ihnen saß friedlich ein Hund. *Als* Karin und Ivo näher kamen, sahen sie, *dass* es Dandy war, der alte Ausreißer.

A2 Nachdem die Schulaufgabe herausgegeben war, herrschte ...
Weil die Ferien bevorstanden, gab es ...
Obwohl ein Test angekündigt wurde, unterhielten sich ...
Als der Film vorgeführt wurde, unterhielten sich ...

A3 Nach dem Aufwachen ...
hofften auf seine Rückkehr
... kannte nicht sein Versteck ...
Als ängstlicher Mensch machte ich mir ...
Trotz der langen Suche ...
Wegen des beginnenden Regens ...
Während der fortgesetzten Suche ...

A4 Da Bello ein sehr großer Bernhardiner war, konnte er nicht durch den kleinen Tunnel kommen.
Obwohl Gino eifrig damit beschäftigt war, sein Lieblingsfutter zu verspeisen, beobachtete er den Ankömmling sehr genau.
Obwohl Dandy schon 12 Jahre alt war, war er körperlich sehr geschickt.
Ivo kannte keine Furcht und stellte sich zum Zweikampf, obwohl der angreifende Boxer furchterregend kläffte.

Das vorliegende Arbeitsbuch will auf den Deutschtest am Beginn der 8. Jahrgangsstufe vorbereiten. Die wesentlichen Lerninhalte, vornehmlich aus dem Bereich des erweiterten Grundwissens, die am Ende der 7. Jahrgangsstufe präsent sein sollten, werden anhand gezielter Aufgaben und Übungen wiederholt, geübt und so vertieft. Die dazu notwendigen Regeln werden in kompakter Form vorangestellt.

Da die einzelnen Erklärungen und Aufgaben kurzschrittig gehalten sind, kann mit diesem Buch auch punktuell gearbeitet werden kann.

Zusammenfassungen und Merksätze helfen dir, das im Deutschunterricht Erarbeitete und anhand des vorliegenden Buches Geübte und Vertiefte einzuprägen. Bereits gestellte Jahrgangsstufentests und deren Lösungen runden das Material ab.

Zu allen Aufgaben sowie zu durchgeführten Jahrgangsstufentests werden Lösungen angeboten. Sie sind auch im Internet unter http://www.deutschtest.net verfügbar.
Dort findest du auch andere Tests.

Neue Jahrgangsstufentests und weitere Übungen, die sich in den nächsten Jahren u.U. aufgrund von Lehrplanentwicklungen anbieten, werden über diese Internetseite zugänglich gemacht.

Viel Erfolg wünscht euch der Autor.

Inhalt

Lösungen sind getrennt beigefügt sowie im Internet unter: http://www.deutschtest.net abrufbar. Dort finden sich auch weitere Materialien zu unterschiedlichen Deutschtests.

1 Der Deutschtest exemplarisch

Hilfen und Anmerkungen zum bayerischen Deutschtest 2002

Der folgende Deutschtest wurde im Jahr 2002 im Bundesland Bayern gestellt. Er wurde unverändert übernommen. Im Anschluss an den Text findest du Erläuterungen und Hinweise. Die Lösungen werden hier teilweise vorgegeben; die gesamte Lösung dieses Deutschtests findest du im Anhang dieses Buchs sowie im Internet unter der bereits genannten Adresse: http://www.deutschtest.net

Schokolade – süßer Schmelz aus bitterer Bohne

Der Konditor Franz Zuckerkandl aus Wien hat Schokolade so gern, dass er gleich eine Riesentafel davon herstellte. Sie war so groß wie die Grundfläche eines Klassenzimmers: 14 Meter lang und über fünf Meter breit. Mehr als 70 Quadratmeter Schokolade – das ist der Weltrekord; eine größere Tafel hat es noch nie gegeben. Hoffentlich hat der Weltmeister das süße Monstrum nicht ganz allein aufgegessen!

Schon wenn man nur ein paar Stückchen Schokolade isst, produziert der Körper so genannte Endorphine, Hormone, die glücklich machen. Deshalb stopfen viele Menschen gerade dann Massen von Schokolade in sich hinein, wenn sie frustriert sind. Nur wird man davon leider nicht nur fröhlich, sondern auch dick.

Grundstoff für Schokolade ist die Kakaobohne, die allerdings überhaupt nicht schokoladig schmeckt, sondern einfach scheußlich: säuerlich und bitter. Sie stammt von Bäumen, die nur in tropischen Ländern gedeihen, zum Beispiel an der afrikanischen Elfenbeinküste oder in Indonesien. Diese Bäume tragen Früchte, die aussehen wie kleine Rugby-Bälle mit Warzen. Darin versteckt sind die Kakaobohnen, ähnlich wie die Kerne in einer Melone. Damit aus den ungenießbaren Bohnen einmal köstliche Schokolade wird, muss man sie rösten. Dann landen sie in speziellen Mühlen, die das Fett – die so genannte Kakaobutter – aus den Bohnen pressen und den Rest zu einem zähen Brei zerdrücken, der Kakaomasse, die schon gut riecht. Zur schmackhaften Schokolade wird das Ganze aber erst, wenn Milch, Zucker, ein Teil der Kakaobutter oder Sahne dazukommen.

Zu den ersten Schoko-Freunden gehörten die Maya in Mittelamerika. Das fanden Forscher heraus, als sie in einem 1500 Jahre alten Krug der Indianer Kakao-Reste entdeckten. Die Azteken – ein anderes Volk, das im Gebiet des heutigen Mexiko lebte – mixten aus gemahlenen Kakaobohnen und Wasser ein erfrischendes Getränk, fast wie unsere Trinkschokolade. Aber statt mit Zucker würzten sie ihren Trunk zuweilen mit scharfem Paprika. Sie nannten das Getränk „Xocolatl" – das heißt „würziges Wasser". Daraus wurde später unser Wort „Schokolade". Die Azteken boten das herbe Gemisch vor fast 500 Jahren dem spanischen Eroberer Hernán Cortés an, dem dies offensichtlich so gut schmeckte, dass er im Jahr 1528 ein paar Säcke

Kakaobohnen mit zurück nach Spanien nahm. Dort bekamen aber nur Standespersonen am Königshof die erste Trinkschokolade zu kosten – diesmal mit Zucker verrührt, nicht nach Aztekenart mit Chili-Aroma. Den einfachen Leuten in Europa blieb die Leckerei dagegen noch lange unbekannt. So kam es, dass Seeräuber ganze Schiffsladungen voll kostbarer Kakaobohnen versenkten, weil sie die kleinen braunen Kügelchen für Dünger hielten.

Bis vor 150 Jahren gab es Schokolade nur zum Trinken. Erst als ein paar Tüftler in England herausfanden, dass sie fest wird, wenn man Kakaopulver mit Zucker und Kakaobutter vermengt, war die Schokolade „mit Biss" geboren. Heute werden die Hersteller von Schokolade immer experimentierfreudiger. In Paris soll es sogar Pralinen mit Spinatfüllung geben und ein Konditor in Hannover umhüllt sogar Knoblauch- und Selleriecreme mit einer Schoko-Haut. Ob das den Azteken geschmeckt hätte?

Aufgabe 1 — 15 Punkte

Lies den Text genau durch und fasse den Inhalt der einzelnen Abschnitte jeweils in einem Satz zusammen!

Suche nach dem genauen Lesen zunächst sinntragende Wörter bzw. Satzteile. Unterstreiche diese und wähle anschließend aus, welche für die Kurzzusammenfassung von Bedeutung sind.

Als Hilfestellung wurden einzelne Satzteile bzw. Sätze für die Absätze 1 – 3 unterstrichen.

Abschnitt 1 könnte man wie folgt zusammenfassen:

Ein Wiener Konditor hat die größte Schokolade der Welt produziert.

Aufgabe 2 — 8 Punkte

Suche für die im Folgenden unterstrichenen Wörter je ein Synonym (= Begriff mit gleicher oder ähnlicher Bedeutung)! Achte dabei auf den Text- und Sinnzusammenhang!

Ob ein Synonym in den Textzusammenhang passt, kannst du am besten durch die Einsetzprobe feststellen. Wenn der Satz mit dem ersetzten Wort seinen Sinn noch behält, hast du ein sinnvolles/ richtiges Synonym gewählt.

..., dass er gleich eine Riesentafel davon herstellte.
(anfertigte / produzierte)

Deshalb stopfen viele Menschen gerade dann Massen von Schokolade in sich hinein, wenn sie frustriert sind.
(enttäuscht / unglücklich / unzufrieden)

Grundstoff für Schokolade ist die Kakaobohne, die (...) nicht schokoladig schmeckt, sondern einfach scheußlich....

Dann landen sie in speziellen Mühlen, die das Fett (...) aus den Bohnen pressen....

Die Azteken – ein anderes Volk, das im Gebiet des heutigen Mexiko lebte – ....

Aber statt mit Zucker würzten sie ihren Trunk zuweilen mit scharfem Paprika.

So kam es, dass Seeräuber ganze Schiffsladungen voll kostbarer Kakaobohnen versenkten,

... ein Konditor in Hannover umhüllt sogar Knoblauch- und Selleriecreme mit einer Schoko-Haut.

Aufgabe 3 — 7 Punkte

Bringe die unten stehenden Aussagen mit Hilfe des Schaubildes in die richtige Reihenfolge, indem du die entsprechenden Ziffern in die Kreise vor den Aussagen einträgst!

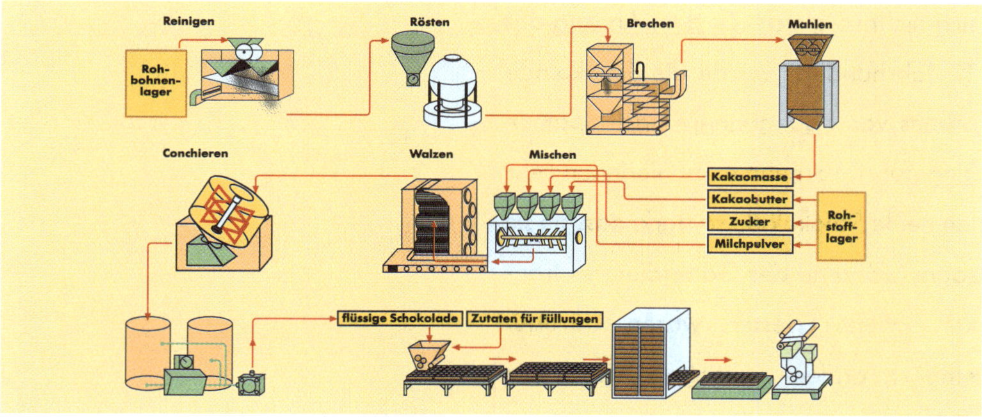

> Du betrachtest immer zuerst die Bilder und ordnest dann den entsprechenden Satz zu. Übrigens: Welche der Sätze können auf keinen Fall den ersten Satz darstellen? Begründung?

- Dazu kommen nun weitere Rohstoffe wie Kakaobutter, Milchpulver und Zucker, die mit der Masse vermischt werden.
- Die noch flüssige Schokolade kann man in Tafeln gießen und eventuell füllen.
- Die zunächst ungenießbaren Kakaobohnen muss man säubern und rösten.
- Wenn die Masse eine teigige Beschaffenheit angenommen hat, kann sie gewalzt werden.
- Danach werden sie zerkleinert, sodass eine zähe Masse entsteht.
- Nach dem Kühlen wird das fertige Produkt verpackt.
- In Reibmaschinen, so genannten Conchen, wird die Masse mehrere Tage lang verrieben und auf 60° bis 85° Celsius erhitzt.

Aufgabe 4 **9 Punkte**

In die Übersetzung des folgenden Abschnitts aus der „Physiologie des Geschmacks" von Jean Anthelme Brillat-Savarin haben sich einige Ausdrucksfehler eingeschlichen. Unterstreiche diese Fehler und verbessere sie, indem du die richtigen Begriffe in die rechte Spalte schreibst! (Werden richtige Ausdrücke als falsch unterstrichen, so wird jeweils ein Punkt abgezogen.)

Die feinsten Früchte des Kakaobaums wachsen auf den Bäumen unter den Ufern des Maracaibo und an den Tälern von Caracas. Seit diese Gebiete leichter erreichbar sind, kann man Vergleiche machen – und Feinschmecker täuschen sich nicht so gleich. Zu dem Anfang des 17. Jahrhunderts wurde die Schokolade bereits von Kaufmännern nach Spanien hingeführt. Vornehme Spanierinnen liebten heiße Schokolade so stark, dass sie sie sogar während des Gottesdienstes tranken. Viele Priester waren darüber empört, andere vergaben jedoch die Auffassung, Schokolade dürfe man sogar in der Fastenzeit zu sich nehmen.	an den Ufern in den Tälern

Die im Text ursprünglich vorhandenen Ausdrucksfehler sind von unterschiedlicher Natur:

- Bei manchen Ausdrücken muss eine bestimmte Präposition vor dem mit einem Artikel versehenen Substantiv stehen („an den Ufern").
- Allerweltswörter wie „machen" oder „tun" haben eine zu geringe Aussagekraft.
- Unpassende Wörter wie „vergeben" im Zusammenhang mit „die Aussage..." sind nicht nur stilistsich schlecht, sie sind auch sinnstörend.

Aufgabe 5 (Von Legasthenikern nicht zu bearbeiten) **25 Punkte**

Der Verfasser des Artikels hat bis tief in die Nacht hinein gearbeitet. Weil er müde war, haben sich Rechtschreib- und Zeichensetzungsfehler in den Text eingeschlichen.

Unterstreiche die falsch geschriebenen Wörter im Text und verbessere sie in der rechten Spalte! Setze im Text Komma, wo es hingehört, und streiche es weg, wo es fälschlicherweise steht! Falsch Angestrichenes oder falsch eingesetzte Kommas ergeben Punktabzug!

Der Kakaobaum wurde schon von den Vorfahren der heutigen Indios in Südamerika angebaut und erreicht dort eine beachtliche höhe. Da die Pflantze nicht sehr wiederstandsfähig ist, muss man auf ihre Pflege viel Sorgfallt verwänden. So isst dafür zu sorgen, dass der Boden grosse Wasser Mengen aufnehmen kann, und die Bäume keiner dierekten Sonneneinstrahlung ausgesezt sind.

Der Kakaobaum benöhtigt möglichst gleichmäsige Niederschläge, damit er gedeit, und die Temperaturen dürfen Nachts nie unter 20 Grad sinken. Gibt es in einem Jahr wenig regen bekommen die Pfahlwurtzeln des Baumes nicht genügend Wasser. Die Kakaoblüten verwelken was sich negatiev auf die Erntemenge auswirckt.

Bevor das Rösten erfolgt müssen die Samen heraus gelöst gründlich auf ihre Qualität geprüft und getrocknet werden. Nun kann man mit dem Herstellen von Schokolade beginen.

Höhe Pflanze

Sorgfalt verwenden

große Wassermengen

kein Komma vor „und" direkten

ausgesetzt

Aufgabe 6 — 9 Punkte

Formuliere die nachfolgenden Sätze so um, dass die unterstrichenen Teile durch einen entsprechenden Nebensatz ersetzt werden! Achte dabei auf eine korrekte Zeichensetzung! Bestimme anschließend die Art der von dir gebildeten Nebensätze! Verwende dazu die lateinischen Bezeichnungen!

a) Trotz seiner Herkunft aus Mexiko wird der Kakaobaum heute vor allem in Afrika angepflanzt.

> Lösung: Obwohl (Obgleich) er aus Mexiko stammt. wird der Kakaobaum heute vor allem in Afrika angepflanzt.
> Der mit der Konjunktion „obwohl" eingeleitete Nebensatz ist ein sog. Konzessivsatz („Einräumungssatz"). Je nach verwendeter Konjunktion hat der Nebensatz eine andere Aufgabe im Satz. Man unterscheidet Temporalsatz, Kausalsatz, Konditionalsatz, Modalsatz, Finalsatz, Konsekutivsatz und Konzessivsatz.
> Vgl. dazu Kapitel 3.5 dieses Buchs.

b) Wegen ihres Gehalts an Koffein wirkt Schokolade anregend.

c) Neben Pralinen und Tafelschokolade verkaufen sich für Ostern und das Nikolausfest produzierte Figuren aus Schokolade besonders gut.

Aufgabe 7 — 6 Punkte

Du möchtest für die Schülerzeitung einen Artikel über gesunde Ernährung schreiben und hast dazu einen Experten befragt. Zum Thema „Schokolade" hast du von ihm u. a. folgende Informationen erhalten:

> Schokolade gilt allgemein als „Dickmacher", weil sie Zucker und hohe Anteile an Fett enthält. Eine Tafel Milchschokolade hat beispielsweise 2311 Kilojoule. Deshalb bieten manche Firmen auch kalorienärmere Schokolade an, die für Diabetiker geeignet ist. Menschen mit großem Übergewicht und Bewegungsmangel tun aber dennoch gut daran, auf Schokolade weitgehend zu verzichten.

Du gibst die Aussage in deinem Artikel wieder und setzt sie dazu in die indirekte Rede. Achte dabei auf die korrekte Form des Konjunktivs!

Zur Wiederholung:
In der indirekten Rede wird meist der Konjunktiv I (gebildet mit den Präsensformen des Verbs) verwendet. Die Wiedergabe der Aussage erfolgt hier „ohne Gewähr" (Sie sagt, sie sei heute krank). Fällt der Konjunktiv I mit der Indikativform zusammen, so steht der Konjunktiv II als Ersatzform: (Beide sagten, sie kämen (statt: kommen) erst morgen.)

Fülle die Lücken aus:

Der Experte, den ich befragt habe, sagte, dass Schokolade allgemein als „Dickmacher" ...., weil sie Zucker und hohe Anteile an Fett .... Eine Tafel Milchschokolade .... beispielsweise 2311 Kilojoule. Deshalb .... manche Firmen auch kalorienärmere Schokolade an, die für Diabetiker geeignet .... Menschen mit großem Übergewicht und Bewegungsmangel .... aber dennoch gut daran, auf Schokolade weitgehend zu verzichten.

Aufgabe 8 — 7 Punkte

Bestimme die im Folgenden aufgeführten Satzglieder des Satzes!

In der folgenden Aufgabe geht es um die Bestimmung von Satzgliedern.
Unter Satzglieder versteht man die Teile eines Satzes, die eng zueinander gehören.
Man kann die Satzglieder durch bestimmte Fragen herausfinden und benennen.
Vgl. dazu das Kapitel 3.1 dieses Buches.

Ein Wiener Konditor stellte eine Riesentafel Schokolade her, die er seinen Kunden in der Vorweihnachtszeit anbot.

Kreuze den jeweils zutreffenden Begriff an!

Ein Wiener Konditor
- ○ Substantiv
- ○ Subjekt
- ○ Adverbiale

eine Riesentafel Schokolade
- ○ Akkusativobjekt
- ○ Adverbiale
- ○ Präpositionalobjekt

die
- ○ Relativpronomen
- ○ Artikel
- ○ Akkusativobjekt

er
- O Personalpronomen
- O Partikel
- O Subjekt

seinen Kunden
- O Dativobjekt
- O Akkusativobjekt
- O Subjekt

in der Vorweihnachtszeit
- O Lokaladverbiale
- O Temporaladverbiale
- O Substantiv

anbot
- O Verb
- O Prädikat
- O Präteritum

Aufgabe 9 — 8 Punkte

Die nachfolgende Statistik stammt aus dem Internet und liefert Zahlenmaterial zur abgesetzten Menge von Produkten aus Schokolade sowie zum damit jeweils erzielten Umsatz (= Verkaufserlös) in Deutschland im Jahr 2001.

Produkte aus Schokolade	abgesetzte Menge in Tonnen	Veränderungen bei der abgesetzten Menge in % (zum Vorjahr)	Umsatz in Millionen Euro	Veränderungen beim Umsatz in % (zum Vorjahr)
Tafelschokolade	205.507	0,0 %	1.203,17	+ 3,2 %
Pralinen	118.412	+ 1,0 %	1.383,04	+ 0,8 %
Riegel	170.255	+ 0,9 %	1.225,11	+ 2,1 %
Schokohappen	34.041	+ 7,7 %	223,59	+ 10,7 %
Überraschungs-Eier	7.875	- 3,2 %	210,75	+ 5,3 %
Gesamt	536.090		4245,66	

Lies die folgenden Aussagen durch und überprüfe sie anhand der Statistik! Kennzeichne jede Aussage als richtig bzw. falsch, indem du den entsprechenden Kreis ankreuzt! Falsch Angekreuztes ergibt Punktabzug!

> Lies die Statistik genau. Präge dir vor allem ein, was in welcher Spalte ausgesagt wird. Überprüfe dann die Textaussagen an den jeweiligen Teilen der Statistik.

	richtig	falsch
Bei jedem einzelnen Produkt aus Schokolade konnte die abgesetzte Menge gegenüber dem Vorjahr gesteigert werden.	○	○
Mit Tafelschokolade wird am meisten Umsatz erzielt.	○	○
Schokohappen ließen sich in Deutschland gegenüber dem Vorjahr besser verkaufen.	○	○
Der Umsatz bei Tafelschokolade stagnierte.	○	○
Tafelschokolade, Pralinen und Riegel machen zusammen mehr als die Hälfte der abgesetzten Menge von Schokolade aus.	○	○
Der Umsatz der Überraschungs-Eier stieg gegenüber dem Vorjahr.	○	○
Bei Schokohappen und Überraschungs-Eiern sind die größten Zuwachsraten beim Umsatz zu verzeichnen.	○	○
Der Umsatz von Pralinen ist doppelt so hoch wie der von Überraschungs-Eiern.	○	○

Aufgabe 10 — 6 Punkte

Ermittle die Wortart der unterstrichenen Wörter, indem du in der nachfolgenden Liste den jeweils zutreffenden Begriff ankreuzt!

> In der folgenden Aufgabe geht es um die Bestimmung von Wortarten.
> Die gebräuchlichsten Wortarten sind: Nomen (Substantiv), Adjektiv, Verb.
> Daneben kennen wir noch Artikel, Pronomen, Adverb, Präposition und Konjunktion.
> Man kann jedes Wort einer dieser Wortarten zuordnen. Die deutsche Sprache hat einen Wortschatz von ungefähr 400 000 Wörtern.
> Vgl. dazu das Kapitel 3.1 dieses Buches.

<u>Viele</u> Menschen lieben Schokolade so sehr, <u>dass</u> sie <u>sich</u> <u>kaum</u> <u>beherrschen</u> können, wenn man ihnen solch eine <u>süße</u> Köstlichkeit anbietet.

Viele
- ○ Adverbiale
- ○ Numerale
- ○ Komparativ

dass
- ○ Konjunktion
- ○ Konjunktiv
- ○ Demonstrativpronomen

sich	○ Personalpronomen ○ Reflexivpronomen ○ Präposition
kaum	○ Adverb ○ Adverbiale ○ Adjektiv
beherrschen	○ Prädikat ○ Verb ○ Perfekt
süße	○ Adverb ○ Partikel ○ Adjektiv

Du kannst deine Kenntnisse im Lösungsteil selbst überprüfen.
Insgesamt waren 100 Punkte möglich. Der folgende Notenschlüssel kann ein Anhaltspunkt für deine Leistung sein:

100 – 86	Note 1
85 – 71	Note 2
70 – 56	Note 3
55 – 41	Note 4
40 – 26	Note 5
25 – 0	Note 6

In den folgenden Kapiteln werden die einzelnen Kenntnisse und Fähigkeiten, die dieser Test voraussetzte, überprüft und vertieft.

2 Mit Inhalten sprachlich umgehen

2.1 Inhalte verstehen

2.1.1 Inhalte zusammenfassen

Helmut Seitz: Wenn die Klassen losgelassen ...

Das ist heute noch genauso wie einst im Mai: Dieser Monat dient nicht nur (angeblich) der Wonne und lässt laut Lied die Bäume ausschlagen und den Spargel schießen. Nein: Er ist auch die beliebteste Zeit für den obligaten Betriebsausflug und für die schulischen Wandertage. Und bei beiden Veranstaltungen ist man alljährlich im Mai mit Wonne dabei. Denn da kann es gehen, wie's will: Besser als arbeiten oder Mathe machen ist so was allemal doch noch.	I. Der Monat Mai Der Monat Mai wird für Vergnügungen aller Art besonders gern genutzt.
Was Betriebsausflüge betrifft, so stellen diese zweifellos die geringere akustische Umweltbelastung dar. Denn wenn es sich um einen Bamperlbetrieb mit nur wenigen Hanseln (und Greteln) handelt, so verursachen die beim Mittagsmahl auch keinen höheren Lärmpegel, als er im Garten oder in der Wirtsstube einer gutbesuchten Ausflugsgaststätte ohnehin ortsüblich ist. Und was die größeren Betriebe sind – solche, die schon gar keine Mitarbeiter mehr haben, sondern gleich eine Belegschaft – so werden diese sowieso von der übrigen Menschheit abgesondert: In Sonderzügen und Sonderfahrten, auf Sonderschiffen und in komplett gecharterten Wirtshaustanzsälen. Was schon deshalb vonnöten ist, weil da meist der Chef zwischen Suppe und Semmelknödeln eine Rede hält. Und die kann man zwar den eigenen Leuten zumuten, aber doch nicht irgendwelchen unbeteiligten Dritten.	II. Betriebsausflüge im Mai Die zunehmenden Betriebsausflüge stören das jeweilige Umfeld nur wenig.
Ganz anders ist das alles bei Schulklassen. Die sind zwar heute – wie von Eltern mit Recht beklagt – viel zu groß. Aber so groß doch wieder nicht, als dass sie sich nicht doch noch fast überall dazwischenquetschen ließen, sei's nun in der Bergbahn oder auf dem Dampfer, in der Wirtsstube oder auf der Seeterrasse. Und das bricht dann herein wie ein Wirbelwind mit einem Brausen und Gewurl, wie wenn fünf Wespenschwärme eingefallen wären. Oder wie einst die Hunnen. Und wenn einer nicht sowieso Lehrer ist, dann muss er fei manchmal schon ein rechter Kinderfreund sein, um diesem hektischen Treiben mit völliger Gelassenheit zuzuschauen und zuzuhören. Obwohl zuhören herzlich wenig Sinn hat, denn was da an das Ohr des Unbeteiligten dringt, ist ungefähr so	III.

verständlich wie das Rauschen der Meeresbrandung bei Windstärke 9 oder ein Stammespalaver auf Hottentottisch.	
Weiß der Kuckuck, wie drei Dutzend Kinder das schaffen: Alle brüllen, gacksen, flüstern, keckern, glucksen, wiehern, rülpsen und maulen gleichzeitig durcheinander – und dennoch scheinen sie sich mühelos zu verständigen. Und sie brauchen sich noch nicht einmal sonderlich darauf zu konzentrieren, denn nebenbei obliegen sie noch allerlei Tätigkeiten, als da wären: Dem Nebenmann Limo ins G'nack schütten, unter dem Tisch fußangeln, andern den Stuhl wegziehen, Kartenspielen, Häuser aus Bierfilzl bauen und umwerfen, Geld zählen, das Senfhaferl leeren, um einen halben Bubblegum knobeln, Haarbüschl ausreißen, Reißnägel auf die Eckbank legen, volle Aschenbecher umkippen, Kronenkorken schmeißen, Ansichtskarten kaufen, Tauschgeschäfte abwickeln, sich beim Lehrer anwandln, Nasebohren, Papierflieger falten, Kopfnüsse austeilen, durch Strohhalme blasen, Knöpfe abdrehen und aufs Häusl gehen. Und außerdem werden zwischendurch auch noch ein kleiner Hektoliter Limo, etliche Kilo Pommfritzmitkätschap, mitgebrachte Brote, viele Paar Würstl und unglaubliche Mengen Eis vertilgt.	IV.
Wenn die Schulklasse nach geraumer Zeit wieder aufbricht, steigert sich das akustische Tohuwabohu noch einmal zu einem letzten Höhepunkt. Und dann wird es plötzlich still. Mucksmäuserlstill. Unheimlich still. So totenstill, dass man einen Augenblick fast schon befürchtet, man hätte vielleicht sein Gehör verloren.	V.
Wer eine solche Schulausflugsinvasion – vielleicht gar noch mit mehreren Klassen – schon einmal er- und überlebt hat, der wird möglicherweise einen Lehrer oder eine Lehrerin doch nicht mehr gar so sehr darum beneiden, dass die allein im Sommer schon wieder sechs Wochen Urlaub haben. Vielleicht brauchen solche Leute die langen Karenzzeiten tatsächlich, um ihre abgewetzten Nervenstränge und ihre mürben Trommelfelle zu regenerieren. Wogegen Kinder – auch schulgestresste – solche wandertäglichen Klassenkämpfe völlig unbeschadet überstehen. Und so muss es wohl auch schon früher gewesen sein – sonst würde man sich doch an seine eigenen Schulwandertage in grauer Vorzeit nicht so freundlich zurückerinnern.	VI.

(Seitz, Helmut: Wenn die Klassen losgelassen...In: SZ v. 5./6.5.1979)

Aufgaben

A1 Worum geht es in diesem Text?

A2 Fasse jeden Absatz des Textes in einer Überschrift zusammen! Für die ersten beiden Absätze wurde dies in der rechten Spalte bereits durchgeführt.

A3 Erweitere diese Überschriften, indem du jeden Absatz stark verkürzt, wie es für die Absätze I und II ebenfalls gemacht wurde!

A4 Für den Absatz III wurden – als Vorarbeit – bestimmte Textteile markiert. Können diese markierten Textteile direkt für die Kurzzusammenfassung übernommen werden? Welche Aufgabe haben sie? Wende diese Methode des Markierens auch für die übrigen Absätze des Textes an!

Ganz anders ist das alles bei Schulklassen. Die sind zwar heute – wie von Eltern mit Recht beklagt – viel zu groß. Aber so groß doch wieder nicht, als dass sie sich nicht doch noch fast überall dazwischenquetschen ließen, sei's nun in der Bergbahn oder auf dem Dampfer, in der Wirtsstube oder auf der Seeterrasse. Und das bricht dann herein wie ein Wirbelwind mit einem Brausen und Gewurl, wie wenn fünf Wespenschwärme eingefallen wären. Oder wie einst die Hunnen. Und wenn einer nicht sowieso Lehrer ist, dann muss er fei manchmal schon ein rechter Kinderfreund sein, um diesem hektischen Treiben mit völliger Gelassenheit zuzuschauen und zuzuhören. Obwohl zuhören herzlich wenig Sinn hat, denn was da an das Ohr des Unbeteiligten dringt, ist ungefähr so verständlich wie das Rauschen der Meeresbrandung bei Windstärke 9 oder ein Stammespalaver auf Hottentottisch.	III.

A5 Formuliere das vermutliche Anliegen des Autors!

Durch genaues, absatzweises Lesen sowie durch knappe Zusammenfassungen der einzelnen Textabschnitte kann ein Text inhaltlich erschlossen werden.
Farbliche Hervorhebung von Kernstellen hilft oft, das Ergebnis zu verbessern.

2.1.2 Bezüge zwischen Absätzen herstellen

Art Buchwald: Heirat durch Computer

(I) Dr. Eric Riss, ein Soziologe, vertritt die Überzeugung, dass Ehen, die durch Elektronengehirne zustande gekommen sind, glücklicher werden als die im Himmel geschlossenen. Durch tiefenpsychologische Charakterteste und flinke Berechnungen eines 0-82 IBM-Computers soll Dr. Riss siebenhundertdreißig Ehen gestiftet haben, von denen nur zwei geschieden wurden. Er führt die Paare nun schon seit acht Jahren zusammen. „Die meisten Menschen verlieben sich und versuchen dann herauszufinden, ob sie zueinander passen", sagt Dr. Riss. Sein eigenes Verfahren ist weitaus wissenschaftlicher. Er stellt nämlich ein Charakterbild her und überträgt es auf eine Lochkarte, die einem IBM-Apparat verfüttert wird. Dieser findet dann die Karte eines andersgeschlechtlichen Bewerbers, dessen Vorlieben und Abneigungen, Erziehung und Bildung, Temperament und Lebensziel zu der ersten Karte passen. Dann wird die Ehe zwischen den beiden geschlossen.
(II) Mich interessieren die siebenhundertdreißig glücklichen Ehen, die Dr. Riss vermittelt hat, viel weniger als die zwei, die geschieden wurden. Wo hat sich da der Computer geirrt? Schauen wir uns das eine der beiden Paare einmal an. Frau Müller kommt ins Wohnzimmer. „Was ist nur mit uns, Georg? Wir scheinen uns entfremdet zu haben."
(III) „Ich weiß nicht, woran es liegt", antwortet Georg. „Irgend etwas muss mit unseren Charakteranalysen nicht gestimmt haben." „Ist eine andere Frau im Spiel, Georg?" „Natürlich nicht. Irgend jemand hat in meine IBM-Karte ein falsches Loch gestanzt. So etwas kann jedem passieren." „Wir haben aber das gleiche Temperament", sagt Frau Müller. „Das stimmt", pflichtet Georg bei. „Und wir haben auch dasselbe Lebensziel. Wir möchten beide reich werden." „Wir spielen beide gern Golf und schauen uns am Fernseher am liebsten Kriminalstücke an", sagt Frau Müller. „Ich habe das Abitur mit der besten Note bestanden, und du hast das Abitur mit der besten Note bestanden", fährt Georg fort, „es kann also nicht am verschiedenen Bildungsgrad liegen." „Wir lesen dieselben Bücher und lieben dieselbe Musik." „Wenn wir verreisen, wollen wir immer dieselben Dinge besichtigen, und ich glaube, wir haben wegen der Ferien nie eine Meinungsverschiedenheit gehabt." „Nie", bekräftigt Frau Müller. „Alles, was ich koche, scheint dir zu schmecken." „Und ob! Im Essen haben wir denselben Geschmack." „Auch unsere Abneigungen decken sich. Du tanzt nicht gern, und ich tanze nicht gern. Dir sind Cocktailparties ebenso verhasst wie mir. Beide mögen wir unsere angeheirateten Verwandten nicht." „Was die Wohnung betrifft", sagt Georg, „so habe ich an deiner Einrichtung nicht das Geringste auszusetzen."

„Und ich habe mich immer für deine Arbeit interessiert", sagt Frau Müller. „Demnach passen wir ideal zusammen", meint Georg.
„Woran könnte es bloß liegen?" sinnt Frau Müller.
„Wir haben alles überlegt", sagt Georg.
„Nicht alles. Ich möchte dich etwas fragen, Georg. Liebst du mich?" „Nein", erwidert Georg.
„Liebst du mich?"
„Natürlich nicht", sagt Frau Müller.
„Dann liegt es daran", ruft Georg. „Wieso habe ich das nicht früher bedacht?"
Frau Müller bricht weinend zusammen. „Es war nicht deine Schuld, Georg. Die IBM-Maschine kann nicht an alles denken."

(Aus: Kilchemann, Ruth (Hrsg.). Schlaue Kisten machen Geschichten. IBM Deutschland o.O. 1977)

Aufgaben

A1 Lies den Text aufmerksam durch! Hinweis: Die Linien nach dem 2. und 3. Absatz dienen der besseren Gliederung.

A2 Was wird in den Blöcken I, II und III ausgesagt?

A3 Welche Rolle übernimmt das „Ich"? Warum fragt es nach?

A4 Welche Aufgabe hat Block III? Welche der folgenden Antworten sind wahr? Begründe deine Wahl.

- ○ Block III unterstützt die Meinung von Dr. Riss in I.
- ○ Die Aussagen in Block III schränken die von I ein.
- ○ Die Aussagen von Block III widersprechen denen in I.
- ○ Die Aussagen von III widerlegen das Verfahren von Dr. Riss
- ○ Die Aussagen von III widerlegen das Verfahren von Dr. Riss nicht.

A5 Fasse den Text so zusammen, dass nur die wichtigsten Informationen deutlich werden, die nötig sind, dem Leser die Kernaussagen mitzuteilen! Ein Teil dieser Zusammenfassung (rechte Spalte) wurde schon ausgeführt. Welche Aufgabe haben die rot unterlegten Stellen (linke Spalte)?

Dr. Eric Riss, ein Soziologe, vertritt die Überzeugung, dass Ehen, die durch Elektronengehirne zustande gekommen sind, glücklicher werden als die im Himmel geschlossenen. Durch tiefenpsychologische Charakterteste und flinke Berechnungen eines 0-82 IBM-Computers soll Dr. Riss siebenhundertdreißig Ehen gestiftet haben, von denen nur zwei geschieden wurden. Er führt die Paare nun schon seit acht Jahren zusammen. „Die meisten Menschen verlieben sich und versuchen dann herauszufinden, ob sie zueinander passen", sagt Dr. Riss. Sein eigenes Verfahren ist weitaus wissenschaftlicher. Er stellt nämlich ein Charakterbild her und überträgt es auf eine Lochkarte, die einem IBM-Apparat verfüttert wird. Dieser findet dann die Karte eines andersgeschlechtlichen Bewerbers, dessen Vorlieben und Abneigungen, Erziehung und Bildung, Temperament und Lebensziel zu der ersten Karte passen. Dann wird die Ehe zwischen den beiden geschlossen.	Ausgangspunkt des Textes ist …………………… …………………… …………………… …………………… …………………… …………………… …………………… …………………… ……………………
Mich interessieren die siebenhundertdreißig glücklichen Ehen, die Dr. Riss vermittelt hat, viel weniger als die zwei, die geschieden wurden. Wo hat sich da der Computer geirrt? Schauen wir uns das eine der beiden Paare einmal an. Frau Müller kommt ins Wohnzimmer. „Was ist nur mit uns, Georg? Wir scheinen uns entfremdet zu haben."	Der Verfasser befragt ein von Dr. Riss mittels Computer vermitteltes und inzwischen geschiedenes Paar nach den Gründen für die Trennung
„Ich weiß nicht, woran es liegt", antwortet Georg. „Irgend etwas muss mit unseren Charakteranalysen nicht gestimmt haben." „Ist eine andere Frau im Spiel, Georg?" „Natürlich nicht. Irgend jemand hat in meine IBM-Karte ein falsches Loch gestanzt. So etwas kann jedem passieren." „Wir haben aber das gleiche Temperament", sagt Frau Müller. „Das stimmt", pflichtet Georg bei. „Und wir haben auch dasselbe Lebensziel. Wir möchten beide reich werden." „Wir spielen beide gern Golf und schauen uns am Fernseher am liebsten Kriminalstücke an", sagt Frau Müller. „Ich habe das Abitur mit der besten Note bestanden, und du hast das Abitur mit der besten Note bestanden", fährt Georg fort, „es kann also nicht am verschiedenen Bildungsgrad liegen." „Wir lesen dieselben Bücher und lieben dieselbe Musik."	Beide sagen übereinstimmend aus, dass sie auf den unterschiedlichsten Gebieten große Übereinstimmungen aufweisen.

„Wenn wir verreisen, wollen wir immer dieselben Dinge besichtigen, und ich glaube, wir haben wegen der Ferien nie eine Meinungsverschiedenheit gehabt." „Nie", bekräftigt Frau Müller. „Alles, was ich koche, scheint dir zu schmecken." „Und ob! Im Essen haben wir denselben Geschmack." „Auch unsere Abneigungen decken sich. Du tanzt nicht gern, und ich tanze nicht gern. Dir sind Cocktailparties ebenso verhasst wie mir. Beide mögen wir unsere angeheirateten Verwandten nicht." „Was die Wohnung betrifft", sagt Georg, „so habe ich an deiner Einrichtung nicht das Geringste auszusetzen." „Und ich habe mich immer für deine Arbeit interessiert", sagt Frau Müller. „Demnach passen wir ideal zusammen", meint Georg. „Woran könnte es bloß liegen?" sinnt Frau Müller. „Wir haben alles überlegt", sagt Georg. „Nicht alles. Ich möchte dich etwas fragen, Georg. Liebst du mich?" „Nein", erwidert Georg. „Liebst du mich?" „Natürlich nicht", sagt Frau Müller. „Dann liegt es daran", ruft Georg. „Wieso habe ich das nicht früher bedacht?" Frau Müller bricht weinend zusammen. „Es war nicht deine Schuld, Georg. Die IBM-Maschine kann nicht an alles denken."	

A6 Formuliere einen knappen Text an Dr. Riss, in dem du ihm deutlich machst, dass sein Verfahren einen gravierenden Fehler besitzt (maximal 2 Sätze)!

Eine Textzusammenfassung kann in zwei Schritten geschehen:

Schritt 1: Markieren der relevanten Textstellen
Schritt 2: Formulieren der Zusammenfassung (Lösen von den Textformulierungen)

Falls du genügend Zeit hast, kannst du auch zunächst – u.U. durch Streichungen – den Text kürzen und dann die Zusammenfassung schreiben.

2.1.3 Unbekannte Wortbedeutungen ermitteln

Olympia: Götter und Olympische Spiele

Der Kult des Zeus in Olympia (Westpeloponnes) begann zu Beginn des 1. Jahrtausends v. Chr. und galt vor allem seiner Funktion als Blitz- und Wettergott. Neben ihm erlangten in Olympia auch Hera, die Göttermutter, und Pelops große Verehrung. Mitte des 7. Jahrhunderts setzte der Ausbau des Heiligtums mit der Errichtung des ersten Hera-Tempels ein. Im 6. Jahrhundert wurden im heiligen Bezirk (Altis) Schatzhäuser zur Unterbringung wertvoller Weihegeschenke im Auftrag verschiedener griechischer Städte erbaut. Dass dabei so entfernte Orte wie Syrakus und Byzanz beteiligt waren, beweist die überregionale Bedeutung dieses Heiligtums. Erst im 5. Jahrhundert wurde der Zeustempel gebaut; das gold-elfenbeinerne Kultbild des thronenden Zeus, von dem Athener Phidias um 430 geschaffen, wurde zum berühmtesten Kunstwerk der Antike.
Sowohl Herakles als auch Pelops wurden mit dem Entstehen der Olympischen Spiele in Zusammenhang gebracht. Die Listen mit den Namen der Sieger führen bis zum Jahr 776 zurück, die Spiele dürften allerdings noch älter gewesen sein. Das Fest wurde alle vier Jahre im Hochsommer gefeiert. In der Frühzeit dauerte es wohl nur einen Tag, als Wettkampf fand allein der Stadionlauf (1 Stadion, etwa 192 m) statt. In klassischer Zeit (5. Jahrhundert) währten die Wettkämpfe (u. a. Wagen- und Pferderennen, Laufwettbewerbe, Fünfkampf, Ringkampf und Faustkampf) fünf Tage lang; am sechsten Tag wurden die Sieger mit Zweigen des heiligen Ölbaumes bekränzt.
An den Olympischen Spielen durften nur frei geborene Griechen teilnehmen; als Zuschauerinnen waren nur unverheiratete Frauen zugelassen. Ein Gottesfriede (Ekecheiria) schützte die Anreise und Heimkehr der Zuschauer und der Athleten in der ganzen griechischen Welt. Im Laufe der Jahrhunderte verloren die Spiele allmählich ihren religiösen Charakter, das Berufsathletentum setzte sich mehr und mehr durch. Im Jahr 393 n. Chr. fanden die letzten Olympischen Spiele der Antike statt. Ein Verbot des Kaisers Theodosius I. im folgenden Jahr setzte dieser Tradition nach 1168 Jahren ein Ende.

Aufgaben

A1 Lies den Text aufmerksam durch und entscheide dann für die vorgegebenen Aussagen, ob sie wahr oder falsch sind.

	wahr	falsch
Die Olympischen Spiele wurden zu Beginn des 1. Jahrtausends erfunden.	○	○
Hera gilt als die Mutter der Götter.	○	○
Der Zeustempel ist älter als der erste Hera-Tempel.	○	○
Die Olympischen Spiele wurden zum ersten Mal 776 v. Chr. abgehalten.	○	○
In klassischer Zeit dauerten die Spiele 6 Tage.	○	○

A2 • Schon in der Überschrift taucht das Wort „Olympia" auf. Sollte es dir unbekannt sein, hast du verschiedene Möglichkeiten, seinen Sinn/ Inhalt zu ermitteln:
Du kannst zunächst versuchen, den Text danach zu untersuchen, ob dieses Wort noch in einem anderen Zusammenhang auftaucht. Vielleicht fällt dir dann diese Sinnermittlung leichter (vgl. die roten Pfeile)
Oder du schaust in einem Lexikon bzw. im Internet nach. Im Brockhaus multimedial 2001 findest du unter dem Stichwort „Olympia" Folgendes:

> **Olympia,**
> antike Kultstätte des Zeus und der Hera in der griechischen Landschaft Elis (Nordwestpeloponnes). Olympia war heiliger Bezirk und Schauplatz der Olympischen Spiele. Die **Altis,** der Bezirk des heiligen Hains, war in klassischer Zeit ein unregelmäßiges Viereck (etwa 200 x 160 m groß). Der Hauptbau der Altis war der Tempel des olympischen Zeus (um 460 v. Chr.) mit dem goldelfenbeinernen Sitzbild des Zeus (von Phidias, um 430 v. Chr.); den Außenschmuck bildeten Giebelskulpturen und Metopenreliefs, Spitzenleistungen der frühklassischen Skulptur. Im Norden lag der Tempel der Hera (Heraion), einer der frühesten Tempelbauten Griechenlands (Mitte 7. Jahrhundert v. Chr., nach 600 v. Chr. erneuert), hier stand u.a. der Hermes des Praxiteles. Außerhalb der Altis lagen im Osten das Stadion, das Hippodrom für die Wagenrennen, im Süden ein doppelter Apsidenbau (Rathaus?), im Südwesten das Gästehaus, im Westen das Gymnasion und die Palästra, in denen die Wettkämpfer trainierten, ferner ein Schwimmbad, Sitz- und Schwitzbäder u.a. Die ehemalige Werkstatt des Phidias wurde identifiziert durch eine Fülle von Werkstattabfall. Deutsche Ausgrabungen fanden in Olympia 1877–81, 1908–29, 1936–42 statt; sie wurden 1952 wieder aufgenommen. Ein Teil der Ausgrabungsfunde wird im Museum in Olympia aufbewahrt. Das Stadion wurde im Zustand des 4. Jahrhunderts v. Chr. wieder hergestellt. Olympia wurde zum UNESCO-Weltkulturerbe erklärt.
>
>

Was also ist „Olympia"?
Du siehst, dass bereits der erste Satz genügt, um das Wort in unserem Text 2.1.3 zu verstehen.

A3 Beantworte die folgenden Fragen:

Welcher Zusammenhang besteht zwischen den Textaussagen über die Götter und denen über die Olympischen Spiele?
Welchen religiösen Charakter hatten die Spiele ursprünglich?
Wann verloren sie diesen? Was trat an dessen Stelle?

Unbekannte Wortbedeutungen in einem Text können durch Nachschlagen in einem Lexikon bzw. durch Verwenden eines elektronischen Mediums ermittelt werden.

Oft hilft auch schon das Verfahren, das Wort in seinen Bezügen zu anderen Inhalten des Textes an anderer Stelle zu untersuchen.

2.1.4 Informationen unterschiedlichen Quellen gezielt entnehmen

Informationen können unterschiedlichen Quellen entnommen werden; z.B. Texten, Grafiken oder Tabellen.

Fernsehen steht an erster Stelle

Bei Kindern das beliebteste Medium – Bücher erst nach dem Computer

Das Fernsehen ist bei den Kindern das Medium Nummer eins. Bücher folgen neuesten Umfragen zufolge erst nach dem Computer an dritter Stelle.

Schon vor der Schule macht Simon in seinem Zimmer den Fernseher an. Wenn er mittags zurück kommt, läuft das Gerät gleich wieder. Der Zwölfjährige guckt aber nur ab und zu in die Glotze. Sein Hauptinteresse gilt dem Computer. Fernsehen ist nach wie vor das liebste Medium deutscher Kinder. Daneben fasziniert sie das Internet immer mehr. Die Lust der 6- bis 13-Jährigen am Lesen hingegen ist weiterhin mäßig.

42 Prozent der Kinder lesen nicht besonders gern, wie aus der „KIM-Studie 2002" des medienpädagogischen Forschungsverbunds Südwest (mpfs) hervorgeht. Die Jungen sind besondere Bücher-Muffel. Fernsehen ist die Haupt-Freizeitbeschäftigung der Kinder – noch vor „Hausaufgaben machen". 82 Prozent schalten den Apparat nahezu täglich an. Fast eindreiviertel Stunden sitzen die 6- bis 13-Jährigen pro Tag im Durchschnitt vor dem TV-Gerät.

Die Sendungen bieten den Kindern nicht nur Gesprächsstoff, sondern auch Vorlagen für Spiel und Rollenvorbilder: „Männer sind Helden des Kinder-Fernsehens, Frauen arbeiten ihnen zu", sagt Maya Götz vom Internationalen Zentralinstitut für das Jugend- und Bildungsfernsehen (IZI). Zwei Drittel der Kinder schalten laut der KIM-Studie eine bestimmte Sendung besonders gerne ein: Jedes fünfte Mädchen die Daily-Soap „Gute Zeiten, Schlechte Zeiten". Auch „Deutschland sucht den Superstar" gehört zu den Favoriten. Jungen bevorzugen „ran", die Zeichentrickserie „Dragon Ball Z" oder die „Simpsons".

Fernseh-Szenen können schon das Verhalten zwölf Monate alter Babys und die Hirnstruktur prägen, berichtet der Generaldirektor des Europäischen Medieninstituts (Düsseldorf), Prof. Jo Groebel. Fernsehen wirkt sich vor allem auf die Informationsverarbeitung positiv aus, die Wirkung hänge aber stark vom Alter ab. Erst mit sieben, acht Jahren könnten fast alle zwischen Wirklichkeit und Fiktion unterscheiden.

Nach Einschätzung der Stiftung Lesen gelingt es vielen Eltern, Kindergärten und Schulen nicht richtig, die Leselust der Kleinen zu wecken. Schullektüre animiert einer Studie der Stiftung zufolge nur wenige Kinder zum Lesen daheim: 75 Prozent haben in der Schule empfohlene Bücher noch nie gelesen; etwa jedes dritte Mädchen und jeder zweite Junge würden Schultexte nie privat lesen. Mädchen sprechen stärker auf erzählende Literatur an, Jungen eher auf Fachzeitschriften, Lexika oder Sachbücher, wie Medienforscher Bodo Franzmann sagt.

PC-Spiele nicht tabuisieren

Neben dem Fernsehen verbringen Kinder ihre Freizeit zunehmend vor dem Computer: 63 Prozent waren der KIM-Studie zufolge im vergangenen Jahr Computer-Nutzer – drei Punkte mehr als zwei Jahre zuvor. Am begehrtesten sind Computerspiele vor Lernprogrammen, aber auch das Internet gewinnt an Bedeutung. Jedes vierte Kind ist mindestens ein Mal pro Woche online. „Computerspiele kommen dem Spielbedürfnis der Kinder entgegen", sagt Helga Theunert vom Institut für Medienpädagogik in Forschung und Praxis. „Solange sie in einen abwechslungsreichen Alltag eingebettet sind und andere Aktivitäten nicht vernachlässigt werden, ist dagegen nichts einzuwenden.

Fränkischer Tag Bamberg 19.2.2003 (gekürzt)

Aufgaben

A1 Welche Freizeitbeschäftigungen werden miteinander verglichen?

A2 Welche Kernaussagen werden getroffen?

Kreuze das Richtige an:

- ○ Fernsehen ist ungesund.
- ○ Der Computer ist bei Kindern die drittbeliebteste Freizeitbeschäftigung.
- ○ Fernsehen wirkt sich positiv auf die Informationsverabeitung von Kleinkindern bis 7/8 Jahre aus.
- ○ Fernsehen kann das Verhalten von Babys beeinflussen.
- ○ Computerspiele sind in jedem Fall strikt abzulehnen.
- ○ Computerspiele müssen in andere sinnvolle Aktivitäten eingebunden werden.

A3 Verdeutliche: „FS-Sendungen sind Vorlagen für Spiel und Rollenvorbilder"
Was ist damit gemeint? Kreuze das Richtige an!

- ○ FS-Sendungen werden nachgespielt.
- ○ Die Verhaltensweisen der Figuren aus FS-Sendungen werden in die Realität übernommen.

A4 Warum steht das Lesen an 3. Stelle?

A5 Überprüfe anhand des Textes die folgenden Aussagen und kreuze an, ob sie richtig oder falsch sind:

	richtig	falsch
Im Jahr 1999 gab es unter den Jugendlichen 60% Computernutzer	○	○
33% der Jungen und 66% der Mädchen würden die Schullektüre nie privat lesen.	○	○
Fast 13 Stunden sitzen die 6 – 13-Jährigen pro Woche vor dem Fernseher.	○	○

A6 Lies den folgenden Text aufmerksam durch!

Das Internet verändert das Leseverhalten (gekürzt)
[23.11.2000 18:12]

Im Zeitalter von Internet und Multimedia lesen die Deutschen nicht viel weniger als zu Beginn der 90er Jahre, aber oberflächlicher. Auf diese Kurzformel lässt sich eine neue Studie der Stiftung Lesen bringen, die am Donnerstag bei einem internationalen Kongress in Mainz vorgestellt wurde. „Die Schere zwischen ‚Lustlesern' und ‚Musslesern' geht immer weiter auseinander", fasst der Forscher Bodo Franzmann die Ergebnisse der repräsentativen Untersuchung von 2.350 deutschsprachigen Bundesbürgern ab 14 Jahren zusammen, die mit einer Erhebung aus dem Jahr 1992 verglichen wurde.
Erstmals wird in der Studie der Zusammenhang zwischen der Internet-Nutzung und dem Lesen mit Zahlen belegt. Gerade für junge Menschen im Alter bis 29 Jahre gilt: Wer häufig im Datennetz surft, nimmt auch gern und oft ein Buch in die Hand. „Die Computernutzung ist keine Verhinderung von Lesen", kommentierte Hans-Jürgen Hippler von der Zeitungs-Marketing-Gesellschaft bei der Präsentation der Untersuchung ein verbreitetes Vorurteil. Von den jungen Computernutzern lesen 15 Prozent täglich ein Buch, 40 Prozent geben sich mehrmals in der Woche der Lektüre hin, elf Prozent dagegen nie. Von denjenigen, die keinen PC benutzen, lesen nur vier Prozent täglich, aber 30 Prozent nie ein Buch. 19 Prozent gaben an, seltener als einmal im Monat ein Buch zu lesen...
(dpa) /

Quelle: http://www.heise.de/newsticker/data/jk-23.11.00-001/(13.3.2003)

A7 Welcher Zusammenhang besteht zwischen der Internetnutzung und dem Lesen? Kreuze das Richtige an!

○ Seit es das Internet gibt, wird weniger gelesen.
○ Es wird nicht weniger gelesen, seit es das Internet gibt.
○ Das Lesen geschieht oberflächlicher, seit es das Internet gibt.
○ Wer häufig den Computer nutzt, liest auch viel.

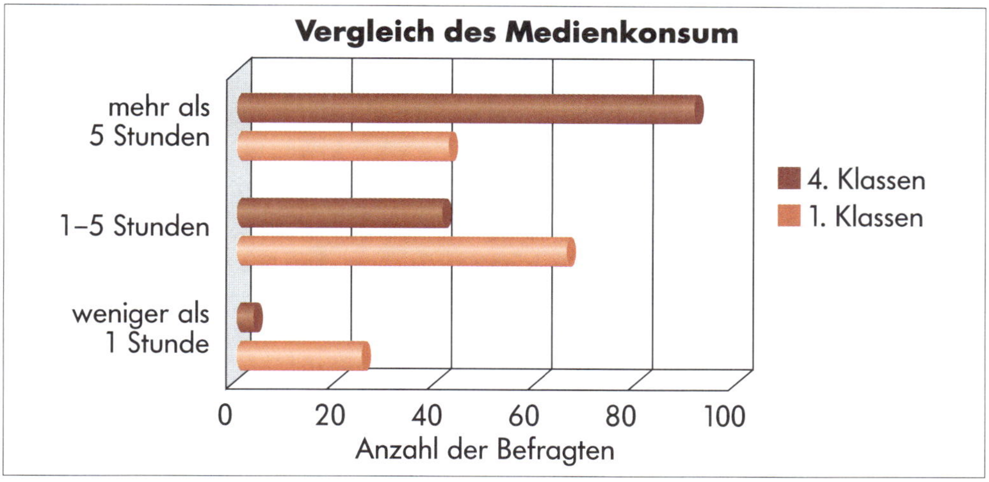

Aufgaben

A8 Wie viele Schüler und Schülerinnen wurden etwa befragt?
Kreuze an:

○ ca 170
○ ca 300
○ ca 260

A9 Die Grafik ist das Ergebnis einer Umfrage einer 1. und einer 4. Klasse in einer Grundschule.
Formuliere die wesentlichen Ergebnisse bezüglich des Medienkonsums!

A10 Setze dazu das Ergebnis, das du der folgenden Grafik zum Leseverhalten in der Freizeit entnehmen kannst, in Bezug!

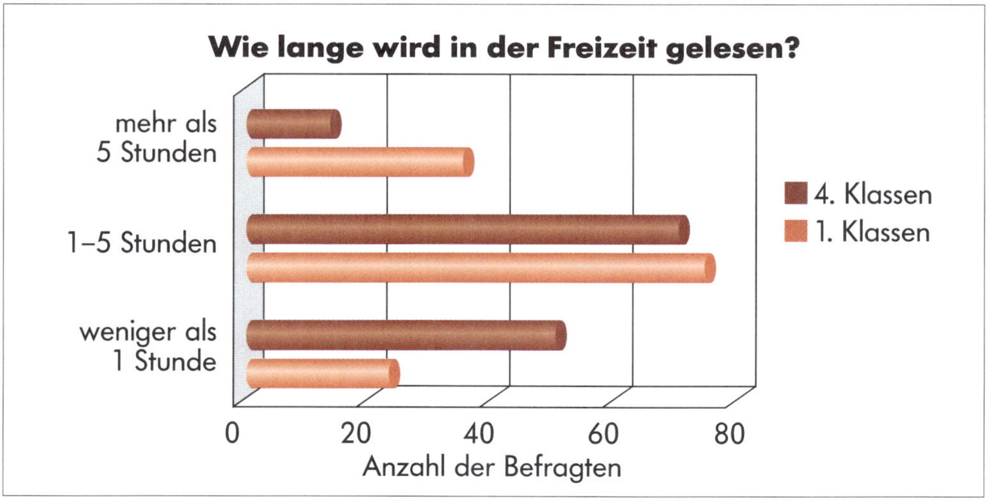

Welche Ergebnisse sind richtig?

- ○ Schüler aus der 1. Klasse lesen im Durchschnitt mehr als die in der 4. Klasse.
- ○ Fast zwei Drittel der 11-Jährigen verbringt mehr als 5 Stunden pro Woche mit einem Buch.
- ○ Nur etwa 37% der 14-Jährigen lesen weniger als eine Stunde pro Woche.

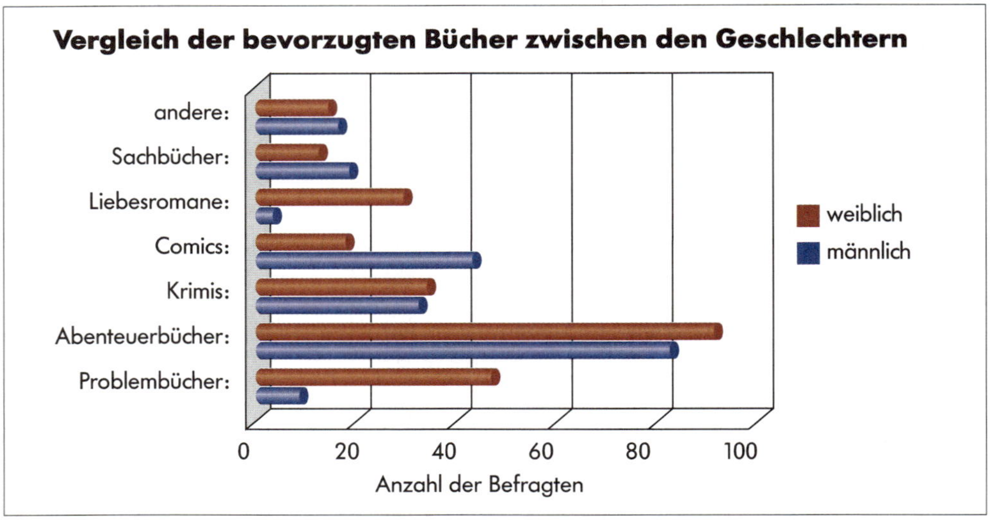

A11 Welches sind die beliebtesten Bücher?

A12 Was bevorzugen Mädchen, was die Jungen?

A13 Bei welcher Art von Büchern herrscht zwischen den Geschlechtern der größte Unterschied, bei welchen die größte Übereinstimmung?

2.1.5 Textteile erkennen und zueinander in Beziehung setzen

Wahrscheinlich sind wir nicht
die billigsten Anbieter Europas.

Deutschland hat aber seit Jahrzehnten den
höchsten technischen Sicherheitsstandard.
Deutsche Handwerkstradition führte schon
immer zu qualitativen Höchstleistungen.

Davon profitieren unsere Kunden

Vereinigung der deutschen Elektro-Betriebe

Aufgaben

A1 Die Werbeanzeige besteht aus 4 Absätzen und einer Grafik. Welche Bezüge bestehen zwischen den einzelnen Absätzen? Welche der im Folgenden aufgeführten Möglichkeiten sind wahr?

- ○ Absatz 1 stellt eine im Sinn der Anzeige positive Feststellung dar.
- ○ Absatz 1 stellt eine im Sinn der Anzeige negative Feststellung dar.
- ○ Absatz 2 unterstützt diese Feststellung.
- ○ Absatz 2 stellt zu 1 einen Gegensatz dar.
- ○ Absatz 2 besitzt keinen sichtbaren Bezug zu Absatz 1.
- ○ Absatz 3 stellt einen Gegensatz zu 2 dar.
- ○ Absatz 3 stellt eine Folgerung aus 2 dar.
- ○ Absatz 3 stellt eine Einschränkung von 1 dar.

A2 Welche Aufgabe hat der Bildteil des Textes (Deutsche Nationalflagge) ?

A3 Zu welchem Absatz steht der Bildteil in direkter Beziehung?

A4 Wie lautet die Botschaft der Werbeanzeige direkt?

A5 Welche Wirkung wird durch das indirekte Vorgehen ausgeübt?

A6 Welche Wirkung wird durch das Einbeziehen der deutschen Flagge ausgeübt?

Zwischen einzelnen Absätzen oder Textteilen (auch Bildteile gehören dazu) bestehen innere Beziehungen. Sie aufzuspüren, ist für die Erfassung des Sinns eines Textes wichtig. Nur so kann die vermutliche Absicht des Autors erkannt werden.

2.2 Sprachliche Mittel erkennen und verändern

2.2.1 Stilebene/Stilart erkennen

Aufgaben

A1 Lies dir die folgenden Textausschnitte durch:

Erhobenen Antlitzes schritt er würdevoll durch die Kirche ...
Das Gesicht verriet keine Regung, es schien zu Stein erstarrt ...
„Wenn du nicht aufhörst, schlag ich dir eine in die Fresse." ...

In welchen Zusammenhängen könnten die drei Sätze stehen? Welche (unterschiedlichen) Wörter meinen dasselbe? Was drücken die gewählten Wörter aus?

A2 Bilde mit den drei Wörtern erhalten – bekommen – kriegen drei Sätze und kommentiere diese im Hinblick auf die Verwendung der Wörter.

Es gibt verschiedene Versuche, „Stil" zu klassifizieren. In den Aufgaben A1 und A2 wurde die folgende Gliederung zugrunde gelegt:

dichterisch – gehoben – normalsprachlich – umgangssprachlich – salopp-umgangssprachlich – vulgär

A3 Ordne die in den Aufgaben A1 und A2 verwendeten Wörter diesen Gliederungen zu.

A4 Unterstreiche in dem folgenden Test die Wörter, die aus dem Rahmen fallen, weil sie einer Stilebene angehören, die nicht zu der des gesamten Textes passt. Suche für die unterstrichenen Wörter passendere.

Das Rentnerehepaar Terese und Fridolin Nägele saß, wie jeden Abend, bei einer Bulle Wein in der Küche und hörte die Rätselsendung im Radio. Terese hantierte mit ihrem Strickzeug, während Fridolin, die Pfeife in der Fresse, vor sich hindöste. Nach einer Weile weckte Oma Nägele ihren Gatten. „Lass uns schlafen gehen, Frido. Ich bin sehr müde, und du scheinst auch nicht gerade wach zu sein; du kannst mir gar nicht mehr richtig ins Antlitz schauen." „Ich glaube, du hast Recht", antwortete er. Er klopfte die Pfeife am Aschenbecher aus und hatschte ins Schlafzimmer. Terese räumte ihr Strickzeug zusammen und legte es auf den Tisch. Dann schubste sie die fette Katze Minka von ihrem Schoß und öffnete die Hintertür für sie. Danach ging sie ebenfalls in die Falle. Aber Minka war zu faul, um auf Mäusejagd zu gehen, und huschte wie ein schwarzer Schatten in ihr Körbchen, das neben dem altmodischen Ehebett ihrer Besitzer stand, und schlief ein...

A5 Beschreibe für die folgenden Sätze den Zusammenhang, in dem sie vermutlich stehen und beschreibe, was über das „Sterben" hinaus ausgesagt werden soll!

Heinrich K. starb an einer Überdosis Schlaftabletten.
Nach 16 Jahren ging er in die ewigen Jagdgründe ein.
Seine Uhr war abgelaufen.
Er musste jämmerlich zugrunde gehen.
Sie wurde vom Tode ereilt, noch bevor sie ihr Lebensziel erreichte.
Im Jahre 1832 musste er die Feder aus der Hand legen.
Sein letztes Stündlein hatte geschlagen...

2.2.2 Einfache Stilfiguren erkennen

Vor allem die poetische Sprache verwendet viele Wörter nicht im ursprünglichen Sinn. Aber auch in Redensarten oder in Zeitungstexten findest du bildhafte Ausdrücke.

Zwei der am häufigsten verwendeten bildhaften Stilfiguren sind der **Vergleich** und die **Metapher.**

Bei einem Vergleich wird zwischen zwei Bereichen eine Beziehung hergestellt.
Beispiel: todtraurig / unergründlich wie das Meer

Die Metapher verwendet ein Wort in einem neuen, bisher nicht üblichen Sinn. Ein Bedeutungszusammenhang wird auf einen anderen übertragen, so dass ein neuer Sinn entsteht: Beispiel: das Flussbett / in der Blüte des Lebens

Aufgaben

A1 Suche aus den folgenden Textausschnitten alle Vergleiche (V), Metaphern (M) und sonstigen bildhaften Ausdrücke (S)!

Der Lehrer stand wie ein Fels in der Brandung der aufgewühlten Klasse und musste feststellen, dass die Woge der Unzufriedenen noch weiter anstieg ...

Still wie das Wasser war sein Gemüt. Keine Regung gab er von sich. Auch die Umwelt veränderte sich, sie trat hinaus in ein immer düsteres Licht, die Hoffnungslosigkeit klopfte an ... o bittere Süße ...

Der Redefluss wurde jäh unterbrochen, so als folge er einem Zwang ...

2.2.3 Wörter durch andere ersetzen – Synonyme finden

Aufgaben

A1 In Aufgabe A5 (zu 2.2.1) wurden Wörter verwendet, die mit dem Wort „sterben" sinnverwandt sind. Man verwendet solche Synonyme um der Abwechslung willen oder, um eine spezielle Bedeutung auszudrücken.
Suche solche sinnverwandten Wörter zu den Wörtern „laufen" und „sprechen".

A2 Ersetze in dem folgenden Schüleraufsatz alle unterstrichenen Wörter durch treffendere Wörter:

Der kleine Zauberer (Schüleraufsatz)

Felix Müller hatte Geburtstag. Sein Sohn Fritz hatte ihm versprochen, einen Zaubertrick vorzuführen, und holte den Werkzeugkasten aus dem Keller.
Als der Vater in der Küche alles für das Kaffeetrinken vorbereitete, holte Fritz die Säge und sägte ein Loch in den Esstisch. Dann machte er mit der Schere einen Schlitz in die Tischdecke, die bis zum Boden ging, und holte ein Handtuch aus dem Badezimmer. Er hängte es mit Reißnägeln unter den Tisch. Nun war auch derVater fertig, und Fritz sagte: „Warte noch eine Minute in der Küche, dann zaubere ich dir etwas vor." Er brachte den Werkzeugkasten in den Flur, holte den Hut von der Garderobe und eine Tasse aus dem Schrank, dann rief er den Vater. „Jetzt geht es los", sagte Fritz. „Ja, aber beeil dich! Die Kaffeekanne wird heiß und schwer." Fritz stellte die Tasse auf den Tisch und gab den Hut darüber. Er klatschte dreimal in die Hände, dann hob er den Hut hoch und sagte: „Ta-ta-ta, die Tasse ist weg." Der Vater lachte und sagte: „Nicht schlecht." Er holte sich einen Stuhl, und da hörte er ein leises Rascheln. er hörte auch noch einen anderen undefinierbaren Ton. Er stellte die Kanne mitten auf den Tisch, und dabei sah er sich um und sagte: „War nur die Katze." Als er wieder nach vorne sah, war die Kaffeekanne weg. Die Reißnägel konnten das Gewicht nicht aushalten und gingen aus dem Holz, Kanne und Tasse fielen auf den Boden. Der Vater zog die Tischdecke weg und sah das Loch im Tisch. „Fritz", sagte der Vater wütend, packte ihn und gab ihm eine Tracht Prügel. „Du kriegst drei Wochen kein Taschengeld mehr. Du kannst von Glück reden, dass die Tasse und die Kaffeekanne noch ganz sind, aber ich will mir ja nicht meinen Geburtstag verderben."
Danach feierten sie trotzdem noch schön.

A3 Suche für die unterstrichenen Wörter je ein Synonym. Achte dabei auf den Text- und Sinnzusammenhang.

Bello bleibt beharrlich liegen.
Er ist sehr irritiert, da er den anderen Hund nicht kennt.
Eigentlich bräuchte er jetzt ein Leittier und eine klare Struktur von Befehl und Gehorsam.
Schon die Welpen müssen konsequent zurechtgewiesen werden.
Dann nehmen sie keine Plätze in Besitz, die für die tabu sind.

A4 Ermittle für die unterstrichenen Wörter Synonyme, indem du aus der nachfolgenden Liste das Kästchen vor der Bedeutung ankreuzt, die den Sinnzusammenhang am besten wiedergibt. In manchen Fällen können auch mehrere Bedeutungen zutreffen.

Der kluge Polizeihund konnte helfen, einen Einbruch zu vereiteln.

○ begehen
○ verhindern
○ verletzen
○ planen

Alle halfen mit, den Dieb dingfest zu machen.

○ zu fassen
○ einzusperren
○ zu verurteilen
○ zu bestrafen

Das Risiko wurde eindeutig minimiert.

○ verhindert
○ erhöht
○ verkleinert
○ verbessert

Der Einsatz von Hunden bei der Verbrechensbekämpfung wurde lange Zeit nicht akzeptiert.

○ gutgeheißen
○ bejaht
○ durchgeführt
○ beschlossen

2.2.4 Treffende, situationsangemessene Wörter finden

Im Folgenden werden sinnähnliche Wörter vorgegeben. Suche für die anschließend aufgeführten Sätze das jeweils treffendste Wort aus.

Aufgaben

A1 Kontrolle – Überwachung – Razzia

Er hat keine .... mehr über sich.

Die .... der Anlage geschieht durch einen Beamten mit Hund.

Ohne Reisepass kommst du an der Grenze nicht durch die ....

Die .... im Nachtlokal hatte Erfolg.

Haus – Gebäude – Bau – Bauwerk

Das .... ist schon seit Monaten zu verkaufen.

Der Komplex besteht aus mehreren ....

Historische .... werden unter einen besonderen Schutz gestellt.

Er wohnt in einem einstöckigen ....

Er arbeitet in einem mehrstöckigen ....

Im .... seiner Eltern hat er sich immer wohl gefühlt.

Müllers haben ein gastfreundliches und offenes ....

Die Kirche ist ein interessantes ....

In öffentlichen .... darf man nicht rauchen.

A2 Welche der in der linken Spalte aufgeführten Sätze passen zu welcher Situation (rechte Spalte). Ordne zu (Mehrfachnennung möglich).

1. Meine Frau besorgte mir das Buch.	**A** Oliver über das neue Lehrmädchen
2. Wie geht es Ihrer Frau Gemahlin?	**B** Fred über eine vorbeilaufende junge Frau
3. Das ist aber eine flotte Biene.	**C** Herr Huber zu seinem Chef
4. So ein steiler Zahn.	**D** Herr Mair zu seinem Kollegen

1. ○ A ○ B ○ C ○ D **3.** ○ A ○ B ○ C ○ D
2. ○ A ○ B ○ C ○ D **4.** ○ A ○ B ○ C ○ D

A3 Welche Form von „Kontrolle“ (links) passt zu welchem Wort (rechts)?

1. Beschattung eines Menschen	**A** Aufsicht
2. Geschäftsbücher	**B** Überprüfung
3. Betreuung einer Kindergruppe	**C** Inspektion
4. Personendaten bei einer Behörde	**D** Untersuchung
5. Schüler in der Schule	**E** Revision
6. Mitbürger durch Geheimpolizei	**F** Observation
7. wissenschaftliche Arbeit	**G** Bespitzelung
8. Autocheck	**H** Beaufsichtigung

1. ○ A ○ B ○ C ○ D ○ E ○ F ○ G ○ H

2. ○ A ○ B ○ C ○ D ○ E ○ F ○ G ○ H

3. ○ A ○ B ○ C ○ D ○ E ○ F ○ G ○ H

4. ○ A ○ B ○ C ○ D ○ E ○ F ○ G ○ H

5. ○ A ○ B ○ C ○ D ○ E ○ F ○ G ○ H

6. ○ A ○ B ○ C ○ D ○ E ○ F ○ G ○ H

7. ○ A ○ B ○ C ○ D ○ E ○ F ○ G ○ H

8. ○ A ○ B ○ C ○ D ○ E ○ F ○ G ○ H

A4 Suche das jeweils passende Wort („Gegenwort“), das genau das Gegenteil bedeutet (z.B. Geburt ➛ Tod)!

Trauer	
Tag	
Stadtmitte	
Spender	
Geburt	
Liebe	
Abend	
Mündung	
Fachmann	

Flut	
der Gläubige	
der Gläubiger	

A5 männlich / weiblich. Suche das fehlende Wort:

Vater	Mutter
	Cousine
Knecht	
Neffe	
Mönch	

A6 Suche das jeweils passende Gegenwort!

die Türen öffnen	
die Augen öffnen	
die Flasche öffnen	
die Faust öffnen	
das Kuvert öffnen	
falsch	
heiß	
spärlich	
ambulant	
statisch	

A7 Suche das jeweils passende Gegenwort (rechts)!

enge Kurve	
neue Banknote	
moderne Möbel	
erfahrener Mitarbeiter	
scharfer Wind	

Süßwasser	
scharfe Worte	
altes Auto	
altes Brot	
trockener Wein	süßer Wein

2.2.5 Ausdrucksfehler korrigieren

Für den „schlechten" sprachlichen Ausdruck gibt es keine fest umrissenen Regeln. Ob bestimmte Wörter oder Wortgruppen besser durch andere ersetzt werden, hängt u.a. auch vom Kontext, d.h. vom Verwendungszusammenhang ab.

Neben der Wort-Wiederholung sind die folgenden Verstöße gegen einen guten und abwechslungsreichen sprachlichen Ausdruck sehr häufig anzutreffen:
Satzbau-Wiederholungen
Allerweltswörter
„Abgegriffene", d.h. wenig Aussagekraft beinhaltende Überleitungen.
Ausdrucksfehler können auch die jeweils geforderte Stilart betreffen. So muss zum Beispiel ein Bericht über einen Verkehrsunfall etwa im Gegensatz zu einer erzählten Geschichte in hohem Maße den Gesichtspunkten Genauigkeit und Sachlichkeit entsprechen. Er muss frei sein von persönlichen Vermutungen oder Empfindungen. Für den Unfallhergang Unwesentliches sollte weggelassen, die richtige Reihenfolge eingehalten werden.

Aufgaben

A1 Verbessere die folgende Schülerarbeit eines Berichts über einen Unfall auf dem Schulhof an eine Versicherung!

Bamberg, den 13.2.2002

Liebe Versicherung!
Als das nun gestern im Pausenhof passierte, war ich momentan wirklich von den Socken. Mein linker Arm tut ganz schön weh, obwohl er in Gips ist. Und jetzt soll ich auch noch über den Unfallhergang berichten! Wo ich mich doch so erschrocken habe!
Also, das war so: Ich hatte mich zusammen mit einigen aus meiner Klasse – die haben übrigens auch das, was nachher geschah, genau gesehen – beim Bäckerstand angestellt. Wir mussten ziemlich lange warten. Ich kaufte mir zwei Salz-

stangen und lief dann in die Mitte des Pausenhofes. Als ich kurz vor dem Brunnen war, rammte mich jemand von hinten, ich fiel nach vorn, mit dem Arm auf die Umrandung des Brunnens. Da ich starke Schmerzen hatte, ging ich ins Krankenhaus, wo ich behandelt wurde (Gips!). Das war der Hergang des Unfalls.
In der Hoffnung, das Ihnen nicht so etwas passiert!

Felix Kindler, Klasse 6c

A2 Verbessere in dem folgenden Schüleraufsatz die unterstrichenen Ausdrucksfehler! Der Text stellt einen Ausschnitt aus einer Vorgangsbeschreibung zum Thema „Kaffee zubereiten" dar:

Als erstes nimmt man Filterpapier und tut es in den Filter der Kaffeemaschine. Danach tut man ungefähr 1–2 Kaffeelöffel Kaffee pro Tasse in den Filter. Man gießt Waser in das Fach, schließt alles und schaltet die Maschine ein ...Wenn das ganze Wasser durch ist , kann man die Kanne abnehmen. Wenn man will, kann man den Kaffee auch in eine Porzellankanne füllen ...

A3 Auch im folgenden Schüleraufsatz findest du (im Text unterstrichene) Ausdrucksschwächen. Verbessere diese Wörter/ Satzteile!

Die Rache

An einem schönen, heißen Sommertag war Her Maier mit seinem Sohn Fritz im Garten. Er war dort, um die Blumen zu gießen. Alles war ruhig und schön, die meisten Leute im Urlaub.
Bello, der Hund der Maiers, sonnte sich ein wenig. Bello beobachtete einen Schmetterling.
Herr Maier meinte: „Ich glaube, unser Hund braucht eine Abkühlung!" Gesagt, getan.
Er richtete den Schlauch auf Bello, so dass er aufsprang und patschnass war.
Beide lachten den Hund aus, so dass dieser das weniger lustig fand und davonging. Nur noch eine Pfütze und eine Tropfspur waren zu sehen.
Lachend gossen die beiden weiter. Bello hatte sich inzwischen beleidigt wieder unbemerkt angeschlichen. Zielstrebig tappte er auf den Gartenschlauch zu, biss kräftig rein ...
Erst ein kleiner Strahl Wasser spritzte heraus, dann ein Riesenstrahl Wasser, der Herrn Maier und Fritz vollkommen benässte. „Hey, was soll das, Unverschämtheit". Da verging ihnen das Lachen schnell, doch ein anderer lachte und verspottete jetzt.
Als Vater und Sohn wieder trocken waren, lachten drei Gesichter.

3 Sprachliche Strukturen erkennen

3.1 Wortarten und Satzglieder

Der Wortschatz der deutschen Sprache kann verschiedenen Wortarten zugeordnet werden.

lat. Bezeichnung	dtsche. Bezeichnung	Beispiel
Nomen/Substantiv	Hauptwort	Auto
Verb(um)	Zeitwort/Tätigkeitswort	fahren
Adjektiv	Eigenschaftswort	schnell
Artikel, bestimmter	Geschlechtswort	das
Artikel, unbestimmter	Geschlechtswort	ein
Pronomen	Fürwort	
Personalpronomen	persönliches Fürwort	er
Reflexivpronomen	rückbezügliches Fürwort	sich
Demonstrativpronomen	hinweisendes Fürwort	dieser
Possessivpronomen	besitzanzeigendes Fürwort	mein
Interrogativpronomen	Fragefürwort	wer?
Relativpronomen	bezügliches Fürwort	Der Hund, der...
Indefinitpronomen	unbestimmtes Fürwort	niemand
Numerale	Zahlwort	zwei; der dritte
Adverb	Umstandswort	gestern
Präposition	Verhältniswort	auf
Konjunktion	Bindewort	und
Interjektion	Ausrufewort	oh!

Jedes Wort eines Satzes kann einer dieser Wortarten zugeordnet werden.

Der	Clown	probt	ein	neues	Kunststück.
best. Artikel	Nomen	Verb	unbest. Artikel	Adjektiv	Nomen

Daran ändert sich auch nichts, wenn die einzelne Teile des Satzes (Satzglieder) umgestellt werden:

Ein	neues	Kunststück	probt	der	Clown.
unbest. Artikel	Adjektiv	Nomen	Verb Artikel	best. Artikel	Nomen

Aufgaben

A1 Aus wie viel Satzgliedern besteht der Satz?
Wie hat sich der Satz durch die Umstellprobe verändert?
Welches Satzglied hat seine Stellung im Verhältnis zu den anderen Satzgliedern behalten?

A2 Bilde einen Satz, ordne ihm nach dem obigen Muster die Wortarten zu und mache die Umstellprobe!

Der Satz kann auch nach den in ihm enthaltenen Satzgliedern bestimmt werden.

Der	Clown	probt	ein	neues	Kunststück.
Subjekt		Prädikat	Akkusativ-Objekt		
				Attribut	

Auch hier ändert sich nichts, wenn wir die Satzglieder umstellen:

Ein	neues	Kunststück	probt	der	Clown.
	Attribut				
Akkusativ-Objekt			Prädikat	Subjekt	

A3 Bestimme für den in A2 gebildeten Satz die Satzglieder!

A4 Bestimme für den folgenden Satz die Satzglieder!
Vergleiche die Aufgabe der Wörter „ein neues Kunststück" in diesem Satz mit der im Beispielsatz zuvor. Was stellst du fest?

Ein	neues	Kunststück	wurde	heute	vorgeführt.

Satzglieder kannst du am besten durch die entsprechenden Fragen bestimmen.

lat. Bezeichnung:	**dtsche. Bezeichnung:**	**Frage:**
Subjekt	Satzgegenstand	Wer oder was?
Prädikat	Satzaussage	Was tut ...?
Genitivobjekt	Satzergänzung im 2. Fall	Wessen ...?
Dativobjekt	Satzergänzung im 3. Fall	Wem ...?
Akkusativobjekt	Satzergänzung im 4. Fall	Wen oder was ...?
Präpositionalobjekt	Satzergänzung mit einer vom Verb geforderten Präpositiion. die einen bestimmten Kasus (Fall) verlangt	Worum ...? Worauf ...?
Adverbiale	Umstandsangabe des Ortes der Zeit der Art und Weise	Wo? Wohin? Wann? Auf welche Art und Weise?

3.1.1 Wortarten erkennen – Wörter bilden

Aufgaben

A1 Setze die richtige Präposition ein.

Die Politiker kämpfen .... ein vereintes Europa.

Die beiden haben sich mühevoll .... oben gekämpft.

Er arbeitete seit Jahren .... der Baustelle.

Er spielte ein Stück für .... Hände.

Die Mutter nimmt das Kind an .... die Hand.

Sie hatten ihn .... Herz geschlossen.

Er nahm sich alles so .... Herzen.

Die Frau hatte es schon lange .... Herzen.

Sie trägt ein Kind .... dem Herzen.

Er steckt bis .... den Kopf in Schulden.

A2 In der folgenden Tabelle geht es um die Wortbildung mit Vorsilben (Präfixe).
Bei jedem Aufgabentyp wurde eine Reihe komplett vorgestellt.
Vervollständige die Tabelle! Beachte: Nicht immer gibt es einen sinnvollen Eintrag.
Dann lässt du das entsprechende Feld frei.

„schlagen"	**Verb**	**Substantiv**	**Adjektiv**
auf-/Auf-	aufschlagen	Aufschlag	–
aus- /Aus-	ausschlagen		
vor-/Vor-		Vorschlag	
zer-/Zer-	zerschlagen		

„kommen"/"-kunft"			
ab-/Ab-	abkommen	Abkommen	abkömmlich
aus-/Aus-	auskommen		
hin-/Hin-	hinkommen		
herunter-/Herunter-	herunterkommen		

A3 Suche für die folgenden Verben ein Präfix. Das neue Wort soll das „Ende" ausdrücken.
Beispiel: -sterben ➛ absterben

-sterben
-brauchen
-schalten
-löschen
-gehen
-gehen
-stellen
-drehen

A4 Bei den folgenden Wörtern fehlen die Nachsilben (Suffixe) -al bzw. -ell.
Ergänze sie!

experiment-
form-
krimin-
ration-
saison-

-al	**-ell**

A5 Ergänze -ig oder -lich:

Einmal jähr........... fährt Suse in Urlaub.
Der zweistünd........... Flug nach Barcelona in diesem Jahr war angenehmer als die 10-stünd........... Fahrt mit dem Zug. Die Züge fahren allerdings im Gegensatz zum Flugzeug täg...........
Auch ein zehnjähr........... Junge saß in dem Flugzeug.

3.1.2 Satzglieder erkennen

Die Satzglieder kannst du erfragen: Bilde einen Fragesatz mit einem passenden Fragewort! Lass dabei das zu erfragende Satzglied weg; es muss als Antwort dienen.

Satz:	Susanne gibt ihrem Bruder das neue Buch.
Aufgabe:	Bestimmung des Satzglieds „ihrem Bruder"
Frage:	**Wem** gibt Susanne das neue Buch?
Antwort:	„ihrem Bruder"
Ergebnis:	Satzgliedbestimmung auf die Frage „wem?": **Dativobjekt**

Aufgaben

A1 Bestimme die Satzglieder! Beachte dabei, dass die einzelnen Satzglieder aus unterschiedlich vielen Wörtern bestehen können. Das wurde bei dieser Übung durch entsprechende Anordnung der Wörter gekennzeichnet.

Inge	schreibt	heute	eine Schulaufgabe.	
An der Ecke	stießen	die Autos	zusammen.	
Peter	hilft	der Mutter.		
Dem Vater	hilft	Inge.		
Ihm	gefällt	sein neues Auto.		
Morgen	gehen	Inge und Peter	in die Stadt.	
Der ganzen Familie	hatte	der Zirkus	gefallen.	
Sie	kauften	der Mutter	eine CD.	
Hajo	gibt	seiner Schwester	heute	ein Buch.

A2 Hier findest du Wörter / Wortgruppen ungeordnet nebeneinander. Welches Prädikat (=Satzaussage/ Satzkern) kann Ordnung schaffen?
Schreibe aus den Wörtern/Wortgruppen sinnvolle Sätze mit diesem Prädikat!

im Herbst	der Fußball	Münchhausen
ins türkische Feldlager	auf einer Kanonenkugel	das Schwalbenpaar
in die Fensterscheibe	im hohen Bogen	in den Süden

A3 Auch hier herrscht Unordnung. Versuche, mit Hilfe des Prädikats „führt" die Wörter und Wortgruppen zu sinnvollen Sätzen zu ordnen!

Er | beim Wettkampf | das Geschäft | den Blinden | der Hilfsbereite | die Riege | über die Straße | der beste Turner | kleine Haushaltswaren | ein Tagebuch | während der Amerikareise

A4 Bestimme für die unterstrichenen Wörter/ Wortgruppen die Satzglieder!

Matthias Claudius: Fuchs und Bär

Kam einst ein Fuchs vom Dorfe her,
Früh in der Morgenstunde,
und trug ein Huhn im Munde;
Und es begegnet' ihm ein Bär.
„Ah! Guten Morgen, gnäd'ger Herr!
Ich bringe hier ein Huhn für Sie!
Ihr Gnaden promenieren ziemlich früh,
Wo geht die Reise hin?"
„Was heißest du mich gnädig, Vieh!
Wer sagt dir, dass ich's bin?"
„Sah Dero Zahn, wenn ich es sagen darf,
Und dero Zahn ist lang und scharf."

Besonders schwierig ist die Unterscheidung zwischen **adverbialen Bestimmungen** und dem **Präpositional-Attribut.** Merke dir die Fragen, mit deren Hilfe du die Satzglieder als Antwort bekommst.

Satz:	Der Computer im Schaufenster gefällt mir.
Frage:	Welcher/was für ein Computer gefällt mir?
Antwort:	der im Schaufenster
Satzglied:	Präpositionalattribut

Satz:	Der Computer steht noch immer im Schaufenster.
Frage:	Wo steht der Computer noch immer?
Antwort:	im Schaufenster
Satzglied:	Adverbiale des Ortes

Noch schwieriger wird es, wenn man das Genitiv-Objekt mit einbezieht. Es ist oft nicht leicht vom Genitiv-Attribut zu unterscheiden. Auch hier hilft dir die jeweils richtige, d.h. passende Frage, das entsprechende Satzglied zu erkennen.

Der neue PC ist ein Gerät von besonderer Präzision.

Der PC bedarf einer besonderen Wartung.

In beiden Fällen steht das zu bestimmende Substantiv im Genitiv.
Im ersten Fall wird der Ausdruck „von besonderer Präzision" folgendermaßen erfragt:

Was für ein Gerät ist der PC?
Antwort: ... von besonderer Präzision
Satzglied: Genitiv-Attribut

Im zweiten Fall muss die Frage lauten:
Wessen bedarf der PC?
Antwort: ... besonderer Wartung
Satzglied: Genitiv-Objekt
Der Genitiv hängt direkt vom Verb „bedürfen" ab.

A5 Ordne zu, ob es sich bei den im folgenden Text unterstrichenen Satzgliedern um ein

Genitiv-Objekt	a)
Genitiv-Attribut	b)
Präpositional-Attribut oder	c)
eine Adverbiale handelt.	d)

Eines Nachmittags traf sich unser Stamm am bewaldeten Ufer des Flusses. Die Sonne schien zwischen den Fichten auf das frische Laub der hohen Gebüsche und zog glitzernde Bänder durch den graublauen Rauch des Lagerfeuers. Der Platz zwischen den Fichten war kaum einzusehen. Es war ein Versteck der besten Qualität. Es bedurfte einer gewissen Erfahrung, es zu finden. ...

A6 Nicht ganz ernst zu nehmen:
Bestimme, soweit möglich, für die unterstrichenen Texte des folgenden Unsinn-Textes die Satzglieder.

Der kahne Xibuhr gief in das Xanon.
Dem felgen Xabber übbet die mohle Boner
Ir hetta Olleb, ainen kohlen Reveirter, deboi.

3.1.3 Wortart und Satzglied unterscheiden

Aufgaben

A1 Bestimme für den folgenden Text Wortarten und Satzglieder:

Die	kleine	Ilona	spielte	am	See.	
Ilonas	Bruder	war	auch	dabei.		
Er	hatte	Bello,	einen	jungen	Retriever,	dabei.
Der	dunkelgrüne	See	am	Wald	war	phantastisch.

Wortarten: Du kannst jedes Wort der deutschen Sprache einer Wortart zuordnen. Satzglieder: Das Satzglied zeigt uns die Aufgabe, die das betreffende Wort im Satz ausübt. Das heißt, dass ein Wort in verschiedenen Sätzen ein jeweils anderes Satzglied sein kann, weil das Wort in verschiedenen Sätzen jeweils eine unterschiedliche Aufgabe ausüben kann.

A2 Wähle den richtigen Begriff für die rechts genannten Wörter aus! Es kann sich dabei um die jeweilige Wortart oder das betreffende Satzglied handeln! Es ist jeweils nur ein Begriff richtig.

Bello, Pits kleiner Hund, sprang über den Zaun.	Bello: Objekt / Nomen / Adverbiale über den Zaun: Objekt / Adverbiale / Präpositionalobjekt
Den kleinen Kerl müsstet ihr gesehen haben!	ihr: Objekt / Personalpronomen/ Adjektiv kleinen: Attribut/ Verb/ Objekt
Sein Blick streifte die Katze von nebenan.	die Katze: Subjekt / Akkusativobjekt / Dativobjekt streifte: Adjektiv / Prädikat/
Ihm entging nichts.	Ihm: Präposition/ Dativobjekt/ Subjekt

3.2 Aktiv und Passiv

Aktiv („Tatform“) und Passiv („Leideform“) bezeichnen die sogenannten „Geschehensarten“ des Verbs.

Wird in einem Satz ein Geschehen so dargestellt, dass ein Ausgangspunkt (die Ursache des Geschehens) im Subjekt genannt wird, erscheint das dazugehörige Verb im **Aktiv.**

URSACHE	ART	ZIEL
Die Katze	frisst	die Maus.

Erscheint das Ziel des Geschehens im Subjekt, dann steht das dazugehörige Verb im **Passiv.**

ZIEL	ART	URSACHE
Die Maus	wird gefressen	von der Katze

wird zu: Die Maus wird von der Katze gefressen.

„frisst“ bzw. „wird gefressen“ nennt man die Prädikatskerne.

Aufgaben

A1 Schreibe aus dem folgenden Text Prädikatskerne mit dazugehörigem Subjekt – geordnet nach Aktiv und Passiv – spaltenweise heraus!

Das Papier wird hergestellt.	Sie knallen ...
...	...

Woher kommt das Papier?

Das meiste Papier wird aus dem Holz von Bäumen hergestellt. In der Papiermühle wird zuerst die Rinde der Bäume entfernt. Dieses Entfernen der Rinde macht gewaltigen Lärm. Dazu werden die Baumstämme in einem mächtigen Behälter hin und her gerollt. Sie knallen und krachen zusammen; dabei stoßen sie sich gegenseitig die Rinde ab und kommen am Ende glatt und sauber heraus.

Große Hackmaschinen zerschneiden die Stämme in ganz winzige Stücke. Diese Schnitzel werden in großen Kesseln gekocht, bis das Holz weich ist und ein Brei entsteht. In riesigen Pressen wird dieser Brei dann getrocknet. Dabei bilden sich dünne Blätter. Ihnen wird anschließend ein Bleichpulver zugesetzt, damit das Papier recht schön weiß wird.

(Aus: Mary Elting: Das große Antwortbuch. Hamburg: Tessloff 1964)

Wir unterscheiden das **Vorgangspassiv** und das **Zustandspassiv.**

Vorgangspassiv:
- gebildet mit dem Hilfsverb „werden"
- u.U. mit einer Umstandsangabe des Urhebers versehen

Beispiel: Das Tor **wird** (von ihr) geöffnet.

Zustandspassiv:
- gebildet mit dem Hilfverb „sein"
- meist ohne Umstandsangabe

Beispiel: Das Tor **ist** geöffnet.

A2 Setze die folgenden Aktiv-Sätze ins Passiv!

Der Astronaut verlässt die Raumstation.
Er prüft die Beschaffenheit des Bodens.
Die grünen Marsmännchen begrüßen ihn und seine Kollegen.
Sie bieten ihnen einen Willkommenstrunk an.
Bald werden sie die Gäste von der Erde in ihre Behausungen führen.
Dort haben sie in den letzten Jahren Tolles geleistet.

A3 Bilde zu den folgenden Sätzen, die im Vorgangspassiv stehen, das Zustandspassiv!

Der Eindringling wird verhaftet.
Der Marsbewohner war vorher von ihm beleidigt worden.
Das Raumschiff wurde bald darauf verschrottet.

A4 In welchen der folgenden Sätze liegt das Passiv vor?

Der Astronaut ist eingeschlafen.
Sie haben ihre Arbeit getan.
Alle Aufgaben waren getan.
Der Fehler ist behoben.
Sie hatten den Fehler behoben.
Endlich war der Fehler behoben worden.

A5 Im folgenden Text werden sehr viele Passivkonstruktionen verwendet. Gestalte den Text stilistisch besser, indem du einige der Passivformen ins Aktiv umwandelst!

Billy begann, den Computer zu reparieren. Als erstes wurde die Festplatte ausgebaut. Dann wurden die Anschlüsse überprüft. Der Controller wurde einem Test unterzogen. Er wurde an ein Testgerät angeschlossen; der Stromdurchgang wurde geprüft. In umgekehrter Reihenfolge wurden alle Teile wieder eingebaut und geprüft.

Dann wurde der PC eingeschaltet. Die grüne Diode leuchtete. Die Festplatte schien wieder in Ordnung zu sein.

3.3 Kasus und Tempus

Bei der Bestimmung der Wortarten hast du gelernt, dass

Verben nach Person (1., 2. oder 3.Person: ich, du, er/sie/es), Numerus (Singular=Einzahl oder Plural=Mehrzahl), Modus (Aussageweise: Indikativ=Wirklichkeitsform oder Konjunktiv=Möglichkeitsform) und Tempus (Zeit) unterschieden werden. Als Zeitstufen hast du kennengelernt:

lat. Bezeichnung	dtsche. Bezeichnung	Beispiel
Plusquamperfekt	3.Vergangenheit	er hatte gerufen
Perfekt	2.Vergangenheit	er hat gerufen
Imperfekt	1.Vergangenheit	er rief
Präsens	Gegenwart	er ruft
Futur I	1.Zukunft	er wird rufen
Futur II	2.Zukunft	er wird gerufen haben

Das **Nomen** (Substantiv) kann nach Genus (Geschlecht), Numerus (Zahl) und Kasus (Fall) unterschieden werden.

Zum Kasus: Es gibt vier Fälle:

Nominativ	Die Sonne geht auf.	Wer/was ...?
Genitiv	Die Dunkelheit der Nacht ...	wessen?
Dativ	Die Nacht weicht dem Tag	wem?
Akkusativ	Wir spüren die Sonne.	wen/was?

Beispiel:

Ihr lest das Buch sehr gerne.

ihr lest	2.Person Plural Indikativ Präsens
das Buch	Neutrum – Singular – Akkusativ

Aufgaben

A1 Kreuze an, welche Bestimmung jeweils richtig ist! Bestimme für Verben Zahl, Zahl und Zeit bzw. für Nomen Fall, Zahl und Geschlecht dort, wo ein ? steht!
In einem Fall musst du auch entscheiden, ob das Verb im Aktivo der im Passiv steht.

Die hier verwendeten Abkürzungen bedeuten:
Ps = Person
Sg = Singular
Pl = Plural

Gonzales wohnt in L'Escala, einem kleinen Ort in Katalonien.	wohnt Ort	O 2. Ps Sg Präsens O 2. Ps Pl Perfekt O 3. Ps Sg Präsens O Akkusativ Sg männlich O Dativ Sg männlich O Nominativ Sg männlich
Sein Vater war ein Fischer vom alten Schlag.	war ein Fischer	O 1. Ps Sg Imperfekt O 3. Ps Sg Perfekt O 3. Ps Sg Imperfekt O Akkusativ Sg männlich O Nominativ Sg männlich
Gestern hat in L'Escala ein Fest der besonderen Art stattgefunden...	hat...stattgefunden Art	O 2. Ps Pl Perfekt O 3. Ps Sg Perfekt O 3. Ps Sg Plusquamperfekt O Genitiv Sg weiblich O Dativ Sg weiblich O Dativ Sg männlich
Viele Fremde hat man dazu eingeladen.	Fremde hat ... eingeladen	O Dativ Pl weiblich O Akkusativ Pl weiblich O Akkusativ Pl männlich O 3. Ps Sg Perfekt Aktiv O 3. Ps Sg Präsens O 3. Ps Sg Perfekt Passiv

A2 Erfrage und bestimme den Kasus der Nomina in dem folgenden Text:
1 = Nominativ, 2 = Genitiv, 3 = Dativ, 4 = Akkusativ

Die Entscheidung O, nach Berlin O zu fahren, war richtig. Der Abstimmung O ging eine Diskussion O voraus. Diese bedurfte einer geschickten Leitung O. Ich stimme deiner Meinung O zu, dass der Klassensprecher O das gut gemacht hat. Die Vorwürfe O bezüglich seiner Kompetenz O entbehren jeder Grundlage O.

A3 Setze den richtigen Kasus ein!

Der Geist sitzt auf (Baum/ Bäume, Kirchturm/ Kirchtürme, Dach/ Dächer)

Das Gespensterschloss liegt in der Nähe (Fluss, Kirche, Wirtshaus, drei Eichen, Steinbrüche, drei Türme)

A4 Bilde die richtige Verbform, indem du das vorgeschlagene Tempus verwendest! Verwende immer die 1.Person Singular (Wenn nichts vermerkt ist, sollst du die Aktiv-Form bilden)!

singen	Imperfekt	
lesen	Plusquamperfekt	
sehen	Futur I	
turnen	Perfekt	
spazieren gehen	Futur II	
mobben	Passiv Plusquamperfekt	
korrigieren	Perfekt	
treffen	Passiv Futur II	
auseinander gehen	Plusquamperfekt	
beleidigen	Passiv Perfekt	

3.4 Wörtliche (direkte) und indirekte Rede

Wenn Jemand einem Dritten das mitteilen will, was ihm ein anderer erzählt hat, kann er dies
- durch direkte (= wörtliche) oder
- indirekte Rede tun.

Beispiele:

Ein Zeuge sagt bei der Polizei aus:
„Wir sind überfallen worden. Der Vermummte forderte: ‚Hände hoch, Geld her!'"

Der Zeuge sagte, sie seien überfallen worden. Der Vermummte habe gefordert, die Hände hochzunehmen und das Geld herzugeben.

Beachte:
In der indirekten Rede werden die Personal- und Possessivpronomina der 1.,2. und 3. Person durch die entsprechenden Formen der 3. Person ersetzt.

Der Modus der indirekten Rede ist der Konjunktiv I:
z.B. im Präsens: er komme – in der Vergangenheit: er sei gekommen

Nur wenn sich die Formen des Konjunktivs I nicht von den Indikativformen unterscheiden lassen, treten an ihre Stelle die Formen des Konjunktivs II.
z.B.: Ich sagte ihm, ich käme gleich (statt Konjunktiv I: ich komme)

Indikativform und Form des Konjunktivs I fallen z.B. zusammen bei:

ich komme	ich habe gelacht
wir kommen	wir haben gelacht
sie kommen	sie haben gelacht

Aufgaben

A1 Formuliere im folgenden Text die direkte Rede in die indirekte um!

Herr Meinert sagte aus:
„Wir sind letzte Woche überfallen worden. Mein Kollege und ich saßen hinter dem Schalter. Es läutete. So ging ich hin. Ich öffnete. Drei Männer standen vermummt vor mir. Mein Kollege geriet in Panik. Er wollte den Alarmknopf drücken. Da schoss der eine. Doch er verfehlte uns. Ich wollte fliehen. Doch da kam schon die Polizei."

A2 Setze den folgenden Text in die indirekte Rede! Beginne den Text mit der Redeeinleitung: „Ein Sprecher der Polizei teilt mit..."

In den letzten Wochen sind mehrere Computerhacker tätig gewesen. Ein örtlicher Großbetrieb musste feststellen, dass die Personaldaten verändert wurden und etliche Abbuchungen vorgenommen wurden. Zudem besteht der Verdacht, dass auf Festplatten gespeicherte Konstruktionspläne kopiert wurden.
Mit der Ermittlung ist eine Sonderkommission der Kripo beauftragt. Die Geschäftsleitung hat eine Belohnung von zunächst 5000 Euro ausgesetzt. Bisher gelang es trotz einiger heißer Spuren nicht, die Täter festzumachen.

A3 Formuliere den Text in die indirekte Rede um. Leite ein mit: Holger H. antwortet auf die Frage: Wie siehst du deine Lehrer? Er führt aus, dass...

Lehrer sind meiner Meinung nach nicht zu faul. Meistens sind sie stark belastet, zumal sie neben dem Unterricht viel vorbereiten und korrigieren müssen. Sie müssen nicht selten auf ihre Freizeit verzichten, was auch durch die Ferien nicht ausgeglichen wird. Da die Lehrer jedoch vieles zu Hause erledigen, ergibt sich leicht das Bild vom faulen Lehrer. Die Lehrer stehen unter dem gleichen Druck wie ihre Schüler. Übervolle Klassen und volle Lehrpläne verhindern manchmal Kreativität. Der Beruf des Lehrers ist schon ein Beruf für Idealisten.

A4 Marion berichtet, wie sie sich jeweils auf ihren nächsten Unterrichtstag in der Schule vorbereitet.
Forme den Text in die indirekte Rede um! Gehe aus von einem Basissatz in der 3. Person. („Marion berichtet..., dass...")

Jeden Tag bereite ich mich für die Schule vor. Es kann ja sein, dass ich abgefragt werde oder dass der Lehrer eine Stegreifaufgabe schreibt. Wenn ich nach Hause komme, mache ich zuerst die Hausaufgaben. Ich schaue in mein Hausaufgabenheft, in dem ich sie notiert habe, und lese die Aufgaben, die ich zu machen habe, sorgfältig durch. Dann überlege ich mir die Lösung und schreibe sie ohne Fehler in das Hausheft.

Nachdem ich die Hausaufgabe angefertigt habe, fange ich an zu lernen. Ich lese mir alles dreimal durch und schreibe dann die wesentlichen Punkte auf ein Blatt Papier, denn beim Schreiben lernt man am besten. Nun wiederhole ich alles noch ein paarmal und schreibe es aus dem Gedächtnis auf. Dann vergleiche ich das, was ich geschrieben habe, mit dem Text, aus dem ich gelernt habe. Wenn alles stimmt, bin ich fertig. Nun mache ich ein paar Übungen aus der Mathematik.

Wenn ich damit fertig bin und alles richtig ist, beginne ich, meine Sachen für den nächsten Tag in meine Schultasche einzupacken. Ich schaue auf den Stundenplan und packe die Sachen für den nächsten Schultag ein. Dann wiederhole ich noch einmal alles, was ich gelernt habe, und schaue in die Schultasche, ob ich nicht noch etwas vergessen habe. Wenn alles für den nächsten Schultag fertig ist, gehe ich spielen.

A5 Marion erzählt von einem „schwarzen Tag", als sie in der Schule beim Spicken erwischt wurde. Helga hört zu und erzählt die Geschichte zu Hause ihren Eltern. Schreibe diese Geschichte aus der Sicht Helgas in der indirekten Rede. Formuliere nach Möglichkeit auch die wörtlichen Reden in indirekte um.

Voll erwischt!

Als ich am vergangenen Freitagmorgen fröhlich die Schule betrat und mich noch auf das bevorstehende Wochenende freute, fragte mich mein Freund Peter: „Na, hast du für die Matheschulaufgabe gelernt?" Da fuhr mir der Schreck in alle Glieder. „Oh nein, das habe ich total vergessen," entgegnete ich.
Jetzt war guter Rat teuer! Schnell rannte ich ins Klassenzimmer, öffnete meine Schultasche, kramte ein Stück Papier hervor und schrieb mit dem Füller die wichtigste Formel auf. Dann steckte ich den Zettel ins Mäppchen unter die Farbstifte, so dass er nicht leicht bemerkt werden konnte. „Mit deiner Hilfe habe ich wenigstens eine kleine Chance, nicht auf der ganzen Linie zu versagen," sagte ich leise zu dem Spicker. Da betrat auch schon Herr Waldig, unser Mathematiklehrer, das Zimmer. Kurze Zeit später teilte er die Angabenblätter aus. Die ersten Rechnungen schaffte ich leicht, aber dann kam die letzte, die schwerste Aufgabe dran. In der Geometrie ging es haargenau um die Formel, die ich mir sicherheitshalber notiert hatte. Mein Herz klopfte plötzlich heftiger. Möglichst unauffällig äugte ich nach der Aufsichtsperson ... Herr Waldig schlich auf Gummisohlen unhörbar durch die Bankreihen und blickte jedem Schüler über die Schulter. Gerade war er in der letzten Reihe angelangt. „Jetzt oder nie!" dachte ich mir, und zog mit einem beherzten Ruck den Spicker aus seinem Versteck hervor. Mit fliegendem Atem schrieb ich die Zahlen auf mein Blatt ab. Da packte mich der Übermut, und ich stieß Peter, meinen Nachbarn, mit dem Ellbogen leicht an. Als er verwundert zu mir herschaute, zeigte ich ihm, verhalten triumphierend, meinen Spickzettel. Peter machte große, ungläubige Augen. Jetzt faltete ich den Spicker zusammen und wollte ihn gerade wieder an seinen Platz im Mäppchen zurükkstecken, als ich bemerkte, wie sich Peters Augen weiteten und nach oben auf eine Stelle hinter mir richteten. Ein eisiger Schauer kroch mir über den Rücken, während mir klar wurde, was Peter da sah: Der Mathelehrer stand hinter mir! Meine Finger begannen zu zittern und der Spicker fiel mir zu Boden, als ich die Hand des Lehrers schwer auf meiner Schulter spürte. „Jetzt ist es aus!" schoss es mir durch den Kopf. Mit einem leisen Ächzen bückte sich Herr Waldig, hob den Zettel auf und schaute ihn sich an. Der Lehrer schüttelte bedächtig den Kopf, seine Miene wechselte zwischen wütendem Funkeln der Augen, ausdrucksloser Enttäuschung und überlegenem Grinsen. Dann zog er mein Arbeitsblatt unter meinen feucht gewordenen Händen weg und schrieb vor meinen Augen eine große, rote Sechs drauf.

3.5 Satzlehre

Satz nennt man die kleinste inhaltliche und grammatische Einheit in einem Text.
Der **Hauptsatz** kann selbstständig stehen, der **Nebensatz** nicht. Bei den Nebensätzen unterscheidet man
Gliedsätze: Der Nebensatz übernimmt die Aufgabe eines Satzglieds.
Beispiel: Ich half ihm, weil ich es ihm versprochen hatte (Satzglied: ... wegen des Versprechens)
und
Attributsätze:
Der Nebensatz übernimmt die Aufgabe eines Attributs.
Beispiel: Er kaufte das Haus, das schon lange leer stand
(Attribut: ...das leer stehende Haus)

Die wichtigsten Gliedsätze sind sog. Adverbialsätze. Daneben gibt es noch den Subjektsatz und den Objektsatz.:

Überblick über Adverbialsätze:

lat. Bezeichnung	**dtsche. Bezeichnung**	**einleitende Konjunktion**
Temporalsatz	Zeitsatz	als, bevor, da, nachdem, bis, seit, solange, indes, während
Kausalsatz	Begründungssatz	da, weil
Lokalsatz	Ortssatz	wo, wohin,woher
Finalsatz	Absichtssatz	dass, damit
Konsekutivsatz	Folgesatz	sodass (so dass), dass
Konzessivsatz	Einräumungssatz	obgleich, obwohl, obschon
Konditionalsatz	Bedingungssatz	wenn, falls
Modalsatz	Artsatz	indem, dadurch, dass, wobei
Komparativsatz	Vergleichssatz	wie, wie wenn
Adversativsatz	Gegenteilsatz	anstatt dass

Die wichtigsten **Attributsätze** sind:

Bezeichnung	**Beispiel**
Relativsatz	Der Hund, der das Kunststück vollführte.
Konjunktionalsctz	Wir merkten die Freude darüber, dass es ihm gelang.
indirekter Fragesatz	Die Zuschauer stellten sich die Frage, wie lange er wohl trainiert hatte.
Infinitivsatz (satzwertiger Infinitiv)	Der Hund hatte die Gabe, die Zuschauer in seinen Bann zu ziehen.
Partizipialsatz (satzwertiges Partizip)	Alle Tiere, bestens vorbereitet, standen bereit.

Aufgaben

A1 Im folgenden Text fehlen alle Gliedsatz-Konjunktionen. Setze sie ein!

Dandy und Ivo, zwei Hovawart-Hunde

.... ich am nächsten Morgen aufwachte, war Dandy verschwunden. Wir waren zunächst nicht beunruhigt, ... er schon manches Mal einen kurzen Streifzug unternommen hatte. So hofften wir, ... er bald wiederkommen würde. Ivo, unser zweiter Hovawart, lief allerdings unruhig vor seiner Hütte auf und ab, ... die Unruhe über den verschwundenen Dandy auch ihn ergriffen hatte. Er ließ sich wie immer von Karin das Futter bringen. .... er es hinuntergeschlungen hatte – er tat so, ... er bald verhungern würde – sprang er wie wild an dem Mädchen hoch, zerrte sie ein Stück, ... sie ihm folgte. .... Karin die beiden gut kannte, begriff sie sofort. .... sie nicht wusste, ... Ivo sie führen würde, ging sie mit. .... gute 10 Minuten vergangen waren, kamen beide an einen kleinen Garten, ... sich in einem abgelegenen Eck kleine Kätzchen balgten. Mitten unter ihnen saß friedlich ein Hund. .... Karin und Ivo näher kamen, sahen sie, ... es Dandy war, der alte Ausreißer.

A2 Forme die unterstrichenen Satzglieder in sinnvolle Gliedsätze um!

Nach dem Herausgeben der Schulaufgabe herrschte in der Klasse große Unruhe.

Wegen der bevorstehenden Ferien gab es diesmal keine Hausaufgabe.

Trotz des angekündigten Tests war Carsten sehr unaufmerksam.

Während der Filmvorführung unterhielten sich Anne und Simone angeregt.

A3 Forme die Gliedsätze im folgenden Text in Satzglieder um!

Als ich aufwachte, war Dandy verschwunden.
Wir hofften, dass er bald wieder kommen würde.
Karin wusste nicht, wo der Hund sich versteckt hatte.
Da ich sehr ängstlich bin, machte ich mir um die beiden Hunde große Sorgen.
Obwohl wir schon lange suchten, gaben wir die Hoffnung nicht auf.
Weil es zu regnen anfing, unterbrachen wir die Suche für eine Weile.
Während sie weiter suchten, zog ein gewaltiges Gewitter auf.

A4 Verbinde die Sätze I mit den Sätzen II, so dass ein Satzgefüge mit einem Gliedsatz entsteht und der gesamte Satz einen Sinn ergibt:

I

a) Bello war ein sehr großer Bernhardiner.
b) Gino war eifrig damit beschäftigt, sein Lieblingsfutter zu verspeisen.
c) Dandy war schon 12 Jahre alt.
d) Ivo kannte keine Furcht und stellte sich zum Zweikampf.

II

a) Er war körperlich sehr geschickt.
b) Er konnte nicht durch den kleinen Tunnel kommen
c) Der angreifende Boxer kläffte furchterregend.
d) Er beobachtete den Ankömmling sehr genau.

4 Anhang: Jahrgangsstufentest Deutsch Bayern – Gymnasium 2001 und 2000

4.1. Deutschtest 2001 **Bearbeitungszeit: 45 Minuten**

Mein Hund ist der Boss

Feierabend. Andrea Obermeier ist gerade nach Hause gekommen. Ihr Mann Willi hat schon Tee gekocht. Beide wollen es sich nun auf dem Sofa gemütlich machen. Doch dort liegt schon Poldi, der Rauhaardackel. Und er macht auch keine Anstalten, den Platz zu räumen. Da hilft kein Betteln, Schimpfen, Schubsen. Poldi bleibt beharrlich liegen. Er ist der Herr im Haus, das Leittier seines Rudels. Das sollte eigentlich sein Herrchen sein. Aus Liebe zu Poldi hat Willi Obermeier seinen Rang im Familienrudel verspielt. Statt ihn konsequent zu erziehen, hat er seinem Hund freien Lauf gelassen, mit ihm gespielt, wann er wollte, ist jedes Mal mit ihm spazieren gegangen, wenn er die Leine anschleppte. Das ist eine typische Situation: Dem Vierbeiner wird jeder Wunsch erfüllt, anfangs aus Liebe, später oft aus Angst, weil der Hund seinen Forderungen knurrend und beißend Nachdruck verleiht.

Ist der Hund der Boss, liegen die Ursachen beim Besitzer. Hauptproblem ist die Inkonsequenz. Für eine „offene Beziehung“, in der jeder machen darf, was er will, ist ein Hund nicht zu haben. Er ist irritiert, wenn im Mensch-Hund-Rudel das Miteinander nicht stimmt und die Rangordnung nicht geklärt ist, wenn es kein Leittier und keine klare Struktur von Befehl und Gehorsam gibt. Nachgiebigkeit legt der Hund als Schwäche aus und übernimmt selbst die Leitposition. Denn das Rudel muss ja funktionsfähig bleiben.

Während der Welpe selbst auf Entdeckungstour geht, unternimmt der erwachsene Hund in der Regel wenig in eigener Regie. Schließlich bestimmt der Rudelführer, was getan werden muss. Da ist das Leittier – sprich der Hundehalter – gefordert. Er muss das tägliche Beschäftigungsprogramm planen. Gassi geht's also erst, wenn Herrchen die Leine in die Hand nimmt. Nicht nur Gebrauchshunde wollen arbeiten, auch Hündchen werden zu ganzen Kerlen, gibt man ihnen Aufgaben.

Viele Hundebesitzer finden es zunächst nur „süß“ oder „putzig“, wenn der Welpe sie mit seinen Erkundungsspielen neckt. Doch der Kleine sucht seinen Sozialstatus innerhalb der Familien-Rangordnung. Wer sich in die Hand schnappen lässt, freiwillig den Sessel räumt oder sich nicht traut, ihm den Knochen wegzunehmen, der hat bei ihm keine Chance auf eine Führungsposition. Aufmüpfige Welpen müssen konsequent zurechtgewiesen werden. Strafen aber ist tabu: Denn das Testen der Rangposition gehört zum ererbten Rollenverständnis des Hundes und ist kein Fehlverhalten. Deutlich missbilligen statt strafen ist das richtige Mittel.

Wenn der Hund erst einmal das Heft in der Pfote hat, hilft nur Ausdauer, um selbst wieder Boss zu werden. Wirksames Mittel: die Aufmerksamkeit entziehen, den Liebling abblitzen lassen, wenn er mit der Leine ankommt, gestreichelt werden oder spielen will. Denn jetzt müssen alle Kontakte zum Hund vom Herrn ausgehen. Von den Plätzen, die der Hund in Besitz genommen hat, muss er verbannt werden. Also: Schlafzimmertür abschließen, Fernsehsessel mit Pappkartons versperren. Auch die Ablenkungsmethode hilft: Willi Obermeier hat Poldi vom Sofa weggelockt, indem er die Türklingel drückte. Poldi sprang auf, um zu sehen, wer da ist. Nach mehreren Wiederholungen haben die Obermeiers ihr Sofa wieder zurückerobert.

Aufgabe 1 **15 Punkte**

Lies den Zeitungsartikel genau durch und fasse den Inhalt der einzelnen Abschnitte jeweils in einem Satz zusammen!

Abschnitt 1 (Zeilen 1–10): ....

....

....

Abschnitt 2 (Zeilen 11–16): ....

....

....

Abschnitt 3 (Zeilen 17–21): ....

....

....

Abschnitt 4 (Zeilen 22–28): ....

....

....

Abschnitt 5 (Zeilen 29–36): ....

....

....

Punkte

Aufgabe 2 **7 Punkte**

Suche für die unterstrichenen Wörter je ein Synonym (= Begriff mit gleicher oder ähnlicher Bedeutung)! Achte dabei auf den Text- und Sinnzusammenhang!

Poldi bleibt beharrlich liegen. (Z. 4)

Er ist irritiert, wenn im Mensch-Hund-Rudel das Miteinander nicht stimmt. (Z. 13f.)

..., wenn es kein Leittier und keine klare Struktur von Befehl und Gehorsam gibt. (Z. 14)

Er muss das tägliche Beschäftigungsprogramm planen. (Z. 19f.)

Aufmüpfige Welpen müssen konsequent zurechtgewiesen werden. (Z. 26)

Deutlich missbilligen statt strafen ist das richtige Mittel. (Z. 28)

Von den Plätzen, die der Hund in Besitz genommen hat, muss er verbannt werden. (Z. 32f.)

Punkte

Aufgabe 3 **7 Punkte**

Bringe die folgenden Aussagen in eine inhaltlich und sprachlich sinnvolle Reihenfolge, indem du die entsprechenden Ziffern vor den Aussagen in die Kreise einträgst!

○ Andrea entschuldigt sich bei ihm und verspricht, die Hose zu bezahlen. ....

○ Zur Strafe erhält Poldi an diesem Tag keinen Hundekuchen. ....

○ Da liegt er am Boden, seine Hose ist verdreckt und zerrissen. ....

○ Der Junge lässt in seinem Schreck den Lenker los und stürzt. ....

○ Nachdem sie bereits einige hundert Meter gegangen sind, reißt sich Poldi von ihr los und rennt kläffend auf einen Radfahrer zu. ....

○ Andrea versucht noch, Poldi zu erwischen, doch es ist zu spät. ....

○ Wie jeden Tag gegen 18.00 Uhr verlässt Andrea Obermeier auch am Abend des 18. Mai 2001 mit ihrem Hund Poldi das Haus, um im nahe gelegenen Park noch eine kleine Runde zu drehen. ....

Punkte

Aufgabe 4 **6 Punkte**

In die Übersetzung des folgenden Abschnitts aus einem Fachbuch für Hundezüchter haben sich einige Ausdrucksfehler eingeschlichen. Unterstreiche diese Fehler und verbessere sie, indem du die richtigen Begriffe in die Zeile darunter schreibst!

Zwischen Mensch und Hund gelangt es immer wieder zu Verständigungs-

....

schwierigkeiten. Das liegt unter anderem daran, weil sie die „Sprache"

....

des anderen nicht verständigen. Hunde begreifen die menschliche Sprache

....

nicht, trotzdem ihnen ein paar Lieblingswörter oder Hörzeichen bekannt

....

sind. Vor allem die menschliche Körpersprache ist für Hunde oft rätselig und

....

Anlass von einem Missverständnis.

....

Punkte

Aufgabe 5 (Von Legasthenikern nicht zu bearbeiten) **25 Punkte**

Der Verfasser des Artikels wurde beim Schreiben immer wieder von seinem Hund gestört. Deshalb haben sich Rechtschreib- und Zeichensetzungsfehler in den Text eingeschlichen.

Unterstreiche die falsch geschriebenen Wörter im Text und verbessere sie in der rechten Spalte! Setze im Text dort ein Komma, wo es hingehört, und streiche es weg, wo es fälschlicherweise steht!
Falsch Angestrichenes oder falsch eingesetzte Kommas ergeben einen Punktabzug!

	Verbesserung	
Als Lauftier braucht der Hund Bewegung	....	....
und fordert sie und trägt somit zur	....	....
Gesundtheit des Menschen bei. Bewegt	....	....
man sich regelmäßig, wird der Körper	....	....
besser durchbluhtet und die Musskulatur	....	....
trainirt. Selbst Herzpatienten hilft ein Hund	....	....
zur Genehsung. Wer nach dem Essen um	....	....
den Block oder ins grüne geht beugt viel	....	....
fältigen Krankheiten vor.	....	....
Der Hund ist ein fröhliches Tier mit einer	....	....
positieven Grundstimmung. Der blose	....	....
Anblick seines Herrn versezt in ihn Freu-	....	....

de. Und auch Freude, ist lebenswichtig.	....	....
Hunde helfen vielen Menschen jungen	....	....
wie alten über das Allein Sein hinweg.	....	....
Hunde sind außdrucksstarke Tiere, denn,	....	....
sie zeigen Herrchen wie Frauchen gleich-	....	....
er Maßen wie sehr sie sie lieben. Auf	....	....
diese Weise wird der Hund zur Selenme-	....	....
dizin die gleichzeitig auf den Körper	....	....
wirkt. Auch für Kleinkinder, ist ein Hund	....	....
gut. Sie lernen Verantwortung Geduld	....	....
und Toleranz.	....	....

Punkte

Aufgabe 6 — 9 Punkte

Formuliere die nachfolgenden Sätze so um, dass die unterstrichenen Teile durch einen entsprechenden Nebensatz ersetzt werden! Achte dabei auf eine korrekte Zeichensetzung!

a) Durch regelmäßiges Trainieren kann man Hunde zu Höchstleistungen bringen.

....

....

....

Bestimme die Art des von dir gebildeten Nebensatzes: ....

b) Aus Gewohnheit schläft Poldi vor dem Bett seines Herrchens.

....

....

....

Bestimme die Art des von dir gebildeten Nebensatzes: ....

c) Ein Hund kann zwischen Bewegungen, Verhaltensweisen und für ihn mehr oder weniger wichtigen Geschehnissen einen Zusammenhang herstellen.

....

....

....

Bestimme die Art des von dir gebildeten Nebensatzes: ....

Punkte

Aufgabe 7 **6 Punkte**

Du möchtest für die Schülerzeitung einen Artikel über Hundehaltung schreiben und befragst einen Experten zu diesem Thema. Er gibt dir u. a. folgende Auskünfte:

„Im Mensch-Hund-Rudel muss das Miteinander stimmen. Für eine „offene" Beziehung, in der jeder machen darf, was er will, sind Hunde nicht zu haben. Nachgiebigkeit haben Vierbeiner noch nie akzeptiert. Sie übernehmen dann selbst die Leitposition."

Um diese Aussagen in deinem Artikel wiederzugeben, musst du sie in die indirekte Rede setzen. Achte dabei auf die korrekte Form des Konjunktivs!

Von dem Experten erfuhr ich, dass im Mensch-Hund-Rudel das Miteinander stimmen .... Für eine „offene" Beziehung, in der jeder ....

machen ...., was er , ..., ...

.... Hunde nicht zu haben. ....

Nachgiebigkeit .... Vierbeiner noch nie akzeptiert. ....

Sie .... dann selbst die Leitposition. ....

Punkte

Aufgabe 8 **6 Punkte**

Bestimme die im Folgenden aufgeführten Satzglieder des Satzes:

Es gefällt unseren munteren Lieblingen nicht, dass wir im Bett liegen bleiben, wenn sie uns frühmorgens bellend und winselnd zum Spaziergang auffordern.

Kreuze den jeweils zutreffenden Begriff an!

Es	○ Personalpronomen ○ Substantiv ○ Subjekt	....
gefällt	○ Infinitiv ○ Prädikat ○ Verb	....
unseren munteren Lieblingen	○ Dativobjekt ○ Akkusativobjekt ○ Adverbiale	....
im Bett	○ Dativobjekt ○ Präpositionalobjekt ○ Lokaladverbiale	....
uns	○ Personalpronomen ○ Akkusativobjekt ○ Possesivpronomen	....
frühmorgens	○ Adjektiv ○ Partikel ○ Temporaladverbiale	....

Punkte

Aufgabe 9 **6 Punkte**

Setze die in Klammern angegebenen Wörter in den richtigen Kasus und bestimme ihn! Verwende dazu die lateinischen Begriffe!

Mit Hilfe *(ein gut durchdachtes Trainingsprogramm)* ....

....(1) kann auch ....

(verwöhnte Vierbeiner) ....(2) ....

korrektes Verhalten beigebracht und *(ein ratloser Hundebesitzer)* ....

....(3) Mut gemacht werden. ....

(1) Kasus: ....

(2) Kasus: ....

(3) Kasus: ....

Punkte

Aufgabe 10 — 5 Punkte

Ermittle die Wortart der unterstrichenen Wörter, indem du in der nachfolgenden Liste den jeweils zutreffenden Begriff ankreuzt!

Unser Hündchen wird sicherlich ein ganzer Kerl und entwickelt pfiffige Lösungen, wenn wir ihm schwierige Aufgaben stellen.

Unser
- ○ Possesivpronomen
- ○ Präposition
- ○ Prädikat ....

sicherlich
- ○ Adverbiale
- ○ Adjektiv
- ○ Adverb ....

ganzer
- ○ Adverb
- ○ Komparativ
- ○ Adjektiv ....

wenn
- ○ Konjunktiv
- ○ Präposition
- ○ Konjunktion ....

stellen
- ○ Superlativ
- ○ Verb
- ○ Prädikat ....

Punkte

Aufgabe 11 **4 Punkte**

Bestimme das Tempus der unterstrichenen Verbformen! Verwende dazu die lateinischen Begriffe! Setze das Verb anschließend in das in der nächsten Zeile angegebene Tempus!

a) Allen Anstrengungen der Obermeiers zum Trotz wird Poldi nicht gehorchen.

Bestimme das Tempus: ....

Setze das Verb ins Imperfekt / Präteritum: Allen Anstrengungen der Obermeiers zum Trotz .... Poldi nicht. ....

b) Poldi schwamm gerne im Gartenteich der Nachbarn.

Bestimme das Tempus: ....

Setze das Verb ins Plusquamperfekt: Poldi ....

gerne im Gartenteich der Nachbarn ....

Punkte

Aufgabe 12 **4 Punkte**

Forme den Satz a) ins Aktiv, den Satz b) ins Passiv um! Ändere aber das Tempus nicht!

Forme ins Aktiv um:

a) Poldi wurde von den Obermeiers immer wieder zurechtgewiesen.

....

....

Forme ins Passiv um:

b) Poldi wird das Stöckchen zurückbringen.

....

....

Punkte

Gesamt: .... **Punkte**

4.2. Deutschtest 2000 Bearbeitungszeit: 45 Minuten

Gänseflieger

Eine Autofähre der Vogelfluglinie pflügt durch die Ostsee, unterwegs nach Puttgarden auf der Insel Fehmarn. Plötzlich gibt es Aufruhr an Deck. Die Urlauber blicken in den strahlend blauen Himmel – und staunen. Ein Schwarm Wildgänse nähert sich dem Schiff, doch an der Spitze der Keilformation fliegt kein Gänserich, sondern ein Ultraleichtflugzeug, gelenkt von einem Mann, der eine Art Mönchskutte trägt. Nach Süden fliegt der Schwarm, immer der Sonne entgegen.

Der Pilot mit der flatternden Kutte ist Christian Moullec, 39. Seit fünf Jahren fliegt Moullec mit den Vögeln um die Wette. Er hat sich einen Traum erfüllt, den die meisten Menschen auf Erden auch schon gehabt haben – ohne hoffen zu können, dass er je in Erfüllung geht. „Schon als Kind habe ich mir vorgestellt, mit den Vögeln nach Süden zu ziehen", erzählt er. „Jetzt bin ich wirklich dort oben mit dabei. Eigentlich unglaublich, nicht?"

Mit seinem Flugzeug führt er im Sommer eine kleine Schar Zwerggänse von Schweden über Dänemark und die Ostsee an den Niederrhein. Das ist eine fast 2000 Kilometer lange Reise, beschwerlich und durchaus riskant. Doch Moullec würde sofort wieder abheben. „Die Vögel fliegen so nah, dass ihre Schwingen meine Knie berühren", erzählt er mit leuchtenden Augen. „Und sie blicken mich während des Fluges an, die ganze Zeit lang. Das ist der Traum jedes Vogelbeobachters, selbst ein Teil des Schwarms zu sein. So etwas vergisst man nie wieder."

Im Mai sind 27 Gänse nahe der schwedischen Stadt Östermalma geschlüpft, danach haben Moullec und seine Frau Paola sofort mit der Erziehung begonnen. Sie haben die Gänse im Pullover herumgetragen, sind mit ihnen hin und her gewatschelt, haben mit ihnen gesprochen und ihnen Namen gegeben: Eine Gans mit besonders behäbigem Gang heißt John Wayne, eine mit schiefen Augen Columbo.

Nach einem Monat haben die Vögel dann fliegen gelernt. Christian Moullec ist mit dem Flugzeug vor ihnen hergefahren, hat kleine Hüpfer gemacht, irgendwann die erste Platzrunde gedreht. Die Gänse flogen brav hinterher, im August war das Flugzeug als Leitgans akzeptiert.

Textvorlage von Johannes Waechter (Gekürzt aus: Süddeutsche Zeitung MAGAZIN, Nr. 51, 23. 12. 1999, S. 16-19)

Aufgabe 1 **15 Punkte**

Lies den Zeitungsartikel genau durch und fasse den Inhalt der einzelnen Abschnitte jeweils in einem Satz zusammen!

Abschnitt 1 (Zeilen 1–5): ....

....

....

Abschnitt 2 (Zeilen 6–10): ....

....

....

Abschnitt 3 (Zeilen 11–16): ....

....

....

Abschnitt 4 (Zeilen 17–21): ....

....

....

Abschnitt 5 (Zeilen 22–24): ....

....

....

Punkte

Aufgabe 2 **5 Punkte**

Suche für die unterstrichenen Wörter je ein Synonym (= Begriff mit gleicher oder ähnlicher Bedeutung)! Achte dabei auf den Text- und Sinnzusammenhang!

Plötzlich gibt es Aufruhr an Deck. (Z. 2f.)

....

... an der Spitze der Keilformation fliegt kein Gänserich, sondern ein Ultraleichtflugzeug, gelenkt von einem Mann, der eine Art Mönchskutte trägt. (Z. 5)

....

Das ist eine fast 2000 Kilometer lange Reise, beschwerlich und durchaus riskant. (Z. 12f.)

....

Eine Gans mit besonders behäbigem Gang heißt John Wayne, ... (Z. 20f.)

....

Die Gänse flogen brav hinterher, im August war das Flugzeug als Leitgans akzeptiert. (Z. 23f.)

....

Punkte

Aufgabe 3 **8 Punkte**

Der nächste Abschnitt des Artikels ist leider etwas durcheinander geraten. Bringe die folgenden Aussagen in eine inhaltlich und sprachlich sinnvolle Reihenfolge, indem du die entsprechenden Ziffern vor den Aussagen in die Kreise einträgst!

○ Schon bald befanden sich die beiden Forscher und ihr Schwarm auf offener See; über Fehmarn traten Moullec und sein Schwarm in den deutschen Luftraum ein. ....

○ Mit ihm an Bord war, entgegen der Planung, auch Paola Moullec – die Gänse hatten sich so an sie gewöhnt, dass sie dem Flugzeug nur folgten, wenn Paola darinsaß. Sie erzählt: ....

- ○ Doch ihre gefiederten Begleiter hatten ihr Mut gemacht: ....
- ○ Am 28. August hob der Vogelforscher Moullec in der Nähe von Östermalma mit seinem Ultraleichtflugzeug ab. ....
- ○ „Diesmal hatte ich Angst, denn bisher hatten wir nur kleine Hopser auf dem Übungsfeld gemacht. Jetzt aber bewegten wir uns in 500 Metern Höhe." ....
- ○ Schließlich kamen sie am frühen Nachmittag des 7. Oktober im Naturschutzgebiet *Bislicher Insel* an. ....
- ○ „Sie schauten mich die ganze Zeit an, das ist unheimlich beruhigend. Ich habe mich wie eine Gans gefühlt und gar nicht an die Gefahr gedacht." ....
- ○ Dann flogen sie nach Westen zur Wesermündung und Richtung Süden bis an den Niederrhein. ....

Punkte

Aufgabe 4 — 9 Punkte

Der folgende Abschnitt des Zeitungsartikels enthält eine Reihe sprachlicher Fehler. Unterstreiche diese Fehler und verbessere sie, indem du die richtigen Begriffe in die Zeile darunter schreibst!

Damit war der erste Teil der Aufgabe ausgefüllt. Nun mussten die 27 Gänse

....

„ausgewildert" werden, um künftig ohne seine menschlichen Beschützer

....

überleben zu können.

....

Die Moullecs kampierten anfangs noch in der Nähe der Vögel, ziehen sich

....

dann Stück bei Stück zurück und bauten schließlich nach drei Wochen ihr

....

Zelt weg. Ende Oktober reisten sie stolz über ihren Erfolg ab. Zu diesem

....

Zeitpunkt waren schon ein größter Teil der Blässgänse eingetroffen, der auf

....

der Bislicher Insel überwintert und womit zusammen die Zwerggänse im

....

nächsten Frühjahr hoffentlich nach Schweden fliegen werden.

....

Punkte

Aufgabe 5 (Von Legasthenikern nicht zu bearbeiten) **30 Punkte**

Der Verfasser des Artikels hat bis tief in die Nacht hinein gearbeitet. Weil er müde war, haben sich Rechtschreib- und Zeichensetzungsfehler in seinen Text eingeschlichen.
An manchen Stellen hat er auch vergessen, ein Komma zu setzen, wo es nötig wäre.
Unterstreiche die falsch geschriebenen Wörter im Text und verbessere sie in der rechten Spalte! Setze im Text dort ein Komma ein, wo es dir nötig erscheint, und streiche es weg, wo es fälschlicherweise steht!
Beachte: Falsch Angestrichenes oder falsch eingesetzte Kommas ergeben einen Punktabzug!

	Verbesserung	
Ein Reporter fragt, warum die Gänse so	....	....
zutraulich sind. „Dass liegt daran“	....	....
erwiedert Moullec, „das sie mich und mei-	....	....
nen Fliehger für Ihre Eltern halten.“	....	....
Der Franzose hat die Vögel nähmlich	....	....
„geprägt“ wie es der östereichische Ver-	....	....
halltensforscher Konrad Lorenz in den	....	....

fünfziger Jahren, mit Graugänsen de-	....	....
monstrirt hat. Die Prägung begann be-	....	....
reits, als die Gänseier noch in den Schub-	....	....
laden einer Brutmaschiene lagen. Neben	....	....
der Kisste, ratterte ein Flugzeugmotor –	....	....
die Gänse solten sich an das Geräusch	....	....
gewönen. Als die Kücken dann Morgens	....	....
aus dem Ei schlüpften sahen sie sofort die	....	....
grohben Kutten von Moullec und seiner	....	....
Frau Paola. Seit dem betrachten sie alle	....	....
Menschen die so gekleidet sind als ihnen	....	....
wohl gesinnt. Die seltsahmen Umhenge	....	....
sind wichtig für den Schutz der Vögel. Vor	....	....
anders gekleideten Menschen haben sie	....	....
angst. Hätten sie diese nicht wären sie eine	....	....
leichte Beute.	....	....

Punkte

Aufgabe 6 **9 Punkte**

Formuliere die nachfolgenden Sätze so um, dass die unterstrichenen Teile durch einen entsprechenden Nebensatz ersetzt werden! Achte dabei auf eine korrekte Zeichensetzung! Bestimme anschließend die Art der von dir formulierten Nebensätze! Verwende dazu die lateinischen Bezeichnungen!

a) Jedes Jahr im August fliegen auch <u>die in freier Wildbahn lebenden</u> Zwerggänse in ihre Winterquartiere ab.

....

....

....

Bestimme die Art des Nebensatzes: ....

b) Wegen ihres schmackhaften Fleisches werden sie aber in ihren Winterquartieren gejagt.

....

....

....

Bestimme die Art des Nebensatzes: ....

c) Trotz des bestehenden Artenschutzes nimmt ihre Zahl immer weiter ab.

....

....

....

Bestimme die Art des Nebensatzes: ....

....

Punkte

Aufgabe 7 — 7 Punkte

Der Reporter kann nicht glauben, dass die Tiere so gefährdet sind, und fragt bei Moullec telefonisch nach. Der Vogelexperte gibt ihm folgende Auskunft:

> „Es bleibt ungewiss, wie viele Gänse in ihr Winterquartier kommen. Vierzig bis sechzig Prozent aller Zugvögel lassen im ersten Jahr ihr Leben. Schon allein deswegen muss das Projekt fortgeführt werden, wenn es irgendwann Ergebnisse bringen soll. Mein Ziel ist es, eine Population aufzubauen, die eines Tages unabhängig von den Forschern bestehen kann."

Um diese Aussage Moullecs in seinen Bericht einbauen zu können, muss der Redakteur sie in die indirekte Rede setzen! Hilf ihm dabei und achte auf die korrekte Form des Konjunktivs!

Einem Redaktionsmitglied gegenüber erklärte Moullec, es .... ungewiss, ...

wie viele Gänse in ihr Winterquartier .... Vierzig bis ....

sechzig Prozent aller Zugvögel .... im ersten Jahr ihr Leben. ....

Schon allein deswegen .... das Projekt fortgeführt werden, ...

wenn es irgendwann Ergebnisse bringen ....

Sein Ziel .... es, eine Population aufzubauen, die eines Tages ....

unabhängig von den Forschern bestehen ....

Punkte

Aufgabe 8 — 6 Punkte

Bestimme die unterstrichenen Satzglieder, indem du in der nachfolgenden Liste das Kästchen vor dem jeweils zutreffenden Begriff ankreuzt!

a) Moullec führt im Sommer eine kleine Schar Zwerggänse ins Naturschutzgebiet Bislicher Insel.

führt	○ Präposition ○ Prädikat ○ Pronomen	....
eine kleine Schar Zwerggänse	○ Subjekt ○ Präpositionalobjekt ○ Akkusativobjekt	....
unseren munteren Lieblingen	○ Dativobjekt ○ Akkusativobjekt ○ Adverbiale	....

b) Am Niederrhein erfüllte sich für Moullec der Traum jedes Vogelbeobachters.

Am Niederrhein	○ Dativobjekt ○ Lokaladverbiale ○ Kausaladverbiale	....
der Traum jedes Vogelbeobachters	○ Subjekt ○ Genitivobjekt ○ Präpositionalobjekt	....

c) Moullec erinnert sich gerne an seinen abenteuerlichen Flug.

gerne	○ Adjektiv ○ Partikel ○ Temporaladverbiale	....

an seinen abenteuerlichen Flug

○ Präpositionalobjekt
○ Kausaladverbiale
○ Dativobjekt

....

Punkte

Aufgabe 9 — 8 Punkte

Setze die in Klammern angegebenen Wörter in den richtigen Kasus und bestimme diesen! Verwende zur Bestimmung die lateinischen Begriffe!

Auch im *(kommendes Jahr)* .... (1) ist auf der ....

Vogelfluglinie mit dem Auftreten des *(außergewöhnliches Ehepaar)* ....

.... (2) zu rechnen, das sein Flugzeug ....

zum Anführer *(keilförmige Gänseformationen)* ....

.... (3) macht und (die Tiere) ....

.... (4) ein sicheres Winterquartier verschafft. ....

(1) Kasus: ....

(2) Kasus: ....

(3) Kasus: ....

(4) Kasus: ....

Punkte

Aufgabe 10 — 8 Punkte

Suche zu jedem der nachfolgenden vier Präfixe und vier Suffixe je ein Fremdwort! Achte dabei auf die verlangte Wortart!

ex-: .... (Verb) ....

Kom-: .... (Substantiv) ....

syn-: .... (Adjektiv) ....

Trans-: .... (Substantiv) ....

-siv: .... (Adjektiv) ....

-tur: .... (Substantiv) ....

-tiv: .... (Adjektiv) ....

-ieren: .... (Verb) ....

Punkte

Aufgabe 11 **7 Punkte**

Ermittle die Wortart der unterstrichenen Wörter, indem du in der nachfolgenden Liste das Kästchen vor dem jeweils zutreffenden Begriff ankreuzt!

Als Kind[1] habe ich mir[2] oft[3] vorgestellt, mit[4] den[5] Vögeln zu fliegen[6] und[7] nach Süden zu ziehen.

1) Kind
- ○ Subjekt
- ○ Nominativ
- ○ Substantiv ....

2) mir
- ○ Reflexivpronomen
- ○ Dativobjekt
- ○ Relativpronomen ....

3) oft
- ○ Adjektiv
- ○ Adverb
- ○ Komparativ ....

4) mit
- ○ Prädikat
- ○ Präposition
- ○ Pronomen ....

5) den
- ○ Possessivpronomen
- ○ bestimmter Artikel
- ○ Relativpronomen ....

6) fliegen
- ○ Prädikat
- ○ Superlativ
- ○ Verb ....

7) und
- ○ Konjunktiv
- ○ Konjunktion
- ○ Kasus ....

Punkte

Aufgabe 12 **4 Punkte**

Bestimme das Tempus der unterstrichenen Verbformen! Verwende nur lateinische Begriffe! Setze das Verb anschließend in das in der nächsten Zeile angegebene Tempus!

a) Die Vögel waren auf der Bislicher Insel eingetroffen.

Bestimme das Tempus: ....

Forme ins Präteritum / Imperfekt um: Die Vögel ....

auf der Bislicher Insel... ....

b) Innerhalb eines Monats haben die Vögel fliegen gelernt.

Bestimme das Tempus: ....

Forme ins Futur I um: Innerhalb eines Monats ....

die Vögel ....

Punkte

Aufgabe 12 **4 Punkte**

Forme den Satz 13.a) ins Passiv, den Satz 13.b) ins Aktiv um! Ändere aber das Tempus nicht!

Forme ins Passiv um:

a) Moullec hat die Zwerggänse nach Süden geführt.

....

....

Forme ins Aktiv um:

b) Die Vögel wurden von dem Ehepaar Moullec erzogen.

....

....

Punkte

Gesamt: .... **Punkte**